はじめに

二〇二二年三月。夜も十時近くにもなると空気が冷たくて、もっと厚着すれば良かったと心から思うほど寒かった。そんな寒気の中、私は新宿・歌舞伎町のシネシティ広場にいた。そこには、ふんわりとしたミニスカートをはき、太腿をあらわにした若い女性がグループになって、やや奇妙なファッションをした同い年らしき若者たちと談笑している姿があった。彼らは二〇二一年頃から世間から「トー横キッズ」と認識されるようになっていたが、彼女もそのひとりでもあった。

部外者には談笑している彼女たちが、とても楽しそうに見えた。

ところが、私がこの日に取材した十代後半の女の子は「楽しそうだね」という私の問いかけに首を振り「全然」と答えた。「無職でやることがない」と自嘲しながら自己紹介した彼女は、「なにも楽しくない。だから、ここに来て死ぬ話で盛り上がってる」と、投げ出すような口調で言った。

前髪で眉毛を隠し、ギリギリまで表情を隠す大きなピンク色のマスクをしているので、「彼女がどんな顔をしているのか」どころか「今はどのような表情をしているのか」さえまったく読み取れなかった。話し方は早口でそっけない。

「死ぬ話で盛り上がるの？」

「そう」

「死にたいの？」

「うん。当たり前ですよ……」

　死にたいのが当たり前なのだろうか。解せない気持ちが湧き上がるが、彼女はまるで普通に「死ぬのが当たり前」と言うので、それに違和感を持つ私の方がおかしいような感覚になった。

「将来にはなにも期待がないということ？」

「ないない、ないです。どうせ真っ暗だし」

「将来はどうしたいとか、夢とかもない？」

「夢ですか？」

　彼女はしばらく考えていたが、やがてこう言った。

「末期がんになりたい」

「末期がん！　どうして？」

「えーっと、みんなに祝福されて堂々と死ねるから」

　私は今までいろいろな人の話を聞いてきたが、これほど意表をつかれた「将来の夢」はなかった。私はなにも言えず、彼女のマスクの顔を見つめるばかりだった。

死にたい……。

普通なら、多感な若者がなんとなく思う「現実感のない死への憧れ」で片づけられる話かもしれないが、彼女はそうではないのかもしれない。その半年前、すぐ目の前のホテルで彼女たちの仲間が飛び降り自殺している。そして、彼らの仲間はアルコールや市販の風邪薬で意識を飛ばしてうろついている。その姿は、生きながらすでに死んでいる人のようにも見えた。

一方、ここでアルコール・市販薬で酩酊しているトー横キッズの中には「半グレ」がまぎれ込んでいる。あるいは、粗暴な若者もいる。

彼らの一部が、道ゆくホームレスに殴る蹴るの暴行を加えたり、集団で人をなぶり殺ししたりしている。彼らが起こした殺人は二〇一一年十一月二十七日に起きたものだったが、ビルの屋上で六人が四十三歳の男をリンチしたあげくに殺していた。残された遺体は、骨がバキバキに折れて顔の原形がなくなっているほどひどいことになっていた。

明確に死にたがって酩酊している若者。

誰かを殺してしまうほど暴力的な若者。

タイプの違う若者が、同じ時期に、同じ空間にいて、同じ「トー横界隈」というカテゴリーに属していたのだった。そして、同じ時代の同じ社会の中で表裏一体のように共存している。

問題は、トー横界隈だけでなく、日本社会の暗部に、この奇妙な空気感のようなものが広がっていることだった。トー横界隈はあくまでも「見える部分」で、それは氷山の一角に過ぎず、実は海底では私たちが想像していないような規模で奇妙な現象が広がっているように思えた。

いったい、なにが起きているのだろう?

目次

本書で取材を受けてくださった話し手は、基本的にすべて匿名か仮名となっています。プライバシーを保護するため、話し手の特定につながる情報は意図的に除去し、居住地・勤務先等についても特定されないように配慮しています。ただし、公人もしくは公人に近い立場の方については、承諾を得て本名を掲載させて頂きました。本書に登場いただいたすべての話し手に感謝を申し上げます。

鈴木 傾城

第一章　死の恐怖が希薄な若者たち

† 伝説になれるかなあ。憧れてくれるかなあ

『自殺配信した後のことを考えてニヤニヤしている。伝説になれるかなあ。憧れてくれるかなあ』

二〇二三年二月。私はスマートフォンの中に入れた十七歳の女子学生の文章を見つめながら、横浜駅と海老名駅を結ぶ相鉄線の瀬谷《せや》駅に来てホームのベンチに座っていた。瀬谷駅はどこにでもある郊外の普通の駅で特になにか特徴があるわけでもない。しかし、私はどうしてもこの駅を実際に訪れてみたいと思って、ここまでやってきた。そして、すぐに目についたのは、転落防止用のホームドアだった。

「ホームドアが設置されたのか」

この駅のホームに立ったのは初めてだが、三年前にはこのホームドアがないことを私は二〇二〇年に配信された動画で確認している。

「なるほど、〝あの後〟にホームドアが設置されたということか……」

私は心の中でそんなことを思いながら、行き交う電車から吐き出される普段着の中年女性や、取引先に急ぐ風情のサラリーマンの姿をぼんやりと見つめていた。そのとき、電車から降りてくる人の中に、大きなマスクで顔を隠してうつむき加減に歩く女子高生を見つけたので、私はじっと彼女を目で追った。そして、自分のスマートフォンに記録していた、

女子高生の他の文章も改めて読んでみた。

『自殺配信する理由は、死んだ証を残したいからです。そこらへんのファッションと一緒になりたくないからです』

『電車で死ぬなんて迷惑かけてごめんなさい。本当に申し訳なく思っています。だったらやるなって話だと思いますが、限界です。最後のわがまま許さなくてもいいです』

二〇二〇年二月十八日。世の中が新型コロナウイルスの恐怖で右往左往している最中、この駅でひとりの女子高生がここで飛び降り自殺をしていた。彼女は特急が通過する直前に線路に飛び降りたのだが、彼女は死ぬ前にホームのベンチにスマートフォンの動画を録画状態にして置いて、自分が電車に飛び込む瞬間を撮影していたのだった。

駅は大規模な工事が為されて当時とはまったく違った光景になっていたのだが、彼女が飛び降りた場所は確定できた。ホームから下を見てみたが、もちろん彼女が亡くなったということを示すものは、なにひとつなかった。しかし、ここでひとつの命が消えたというのは事実である。

彼女は学校ではいじめに遭い、家庭では父親に性的な接触をされ、自分が美人ではないことにも悩み、そうした現状が積み重なって、何日も前からＳＮＳに「死ぬ」と宣言していた。そして、それを配信するとも書いていた。

そして彼女は本当にそれを実行した。

彼女が残した動画はとても淡々としている。高校生の制服で駅のホームに立っていた彼女は、スマートフォンを設置してからホームに向かい、電車が通り過ぎるタイミングでホームから飛び降りていた。動画で見る限り、彼女の一連の行動には死への恐怖だとか、心の葛藤を示す態度はまったく見えなかった。ホームから飛び降りることに対してなんの葛藤もなく、躊躇も見えなかった。次の瞬間に死が待っているはずなのだが、それにしてはあっさりすぎるくらいあっさりと飛び降りていた。

動画では、そこに電車が通り過ぎて急停車して止まるところで終わっていた。ホームから彼女の姿が不意に消えて、それで彼女の人生は終わったのだった。彼女の希望通り、この動画はＳＮＳに配信された。

彼女が飛び降りた駅のホームで、私はその動画を再生し、駅を通り過ぎる電車をぼんやり見つめながら、再び彼女の残した言葉のひとつひとつを反芻《はんすう》していた。『自殺配信した後のこと』を彼女は思い「伝説になれるかなあ。憧れてくれるかなあ」と述べている。

普通に日常を生きている私たちは、自殺することに対してはネガティブなイメージを持っており、それは「絶対に避けるべきもの」「絶対に回避すべきもの」という意識の中で生きている。しかし、彼女にとっては自殺はそんなものではなかったようだ。自殺は、彼女の中ではとても甘美な行為であり、だからそれを実行する決意を持った自分は「ホンモノ」だという意識があったのが文章から垣間見られる。

「そこらへんのファッションメンヘラと一緒になりたくない」というのは、死ぬ勇気もないのに死を語っている若者を指している。「自分はきちんと死ねる」というのは彼女の美学でもあった。動画で彼女があまりにもあっさりと飛び降りたのは、そういうことだったに違いない。


　新宿区でメンタルクリニックをやっている女性のカウンセラーに、この動画と文章を見てもらった。彼女はあっさりと死んでいく女子高生の姿を食い入るように見つめ、しばしの沈黙のあとにこう言った。

「伝説になれるかな、憧れてくれるのかな、というのは自分と同じように死を考えている同世代の若者たちに向けて言っていますね」

「実際に、これを見て憧れる若者はいるんでしょうか？」

「いると思います。若者の死因のトップは自殺なんです。この動画に共鳴する若者は、大勢とは言いませんけど、何人かはいると思います」

「それで、彼らの中で自殺した子が伝説になるんですか？」

「そうですね。集団自殺とかたまに聞くと思いますけど、死ぬことに憧れている若者たちがいて、その小さなグループの中で憧れの対象になりますね。だから、この子もそういう世界ではたしかに伝説となっているのかもしれません」

あとで『令和二年版自殺対策白書』を紐解いて調べてみると、十五歳から二十九歳までの若者たちの死因のトップは本当に自殺となっていた。

十五歳から十九歳の自殺者は五〇三人。
二十歳から二十四歳の自殺者は一〇四五人。
二十五歳から三十歳の自殺者は一二三五人。

日本の社会の裏側で若者が漠然と死を求め、そして夢遊病者のように死に歩み寄っているのがデータに表れている。

「なぜ、死に憧れるんですかね？」

「自殺の理由はひとりひとりまったく違いますよ。ただ、今の社会にそれぞれ生きにくさを感じて、それを克服するよりも死んで楽になりたいと考える子もいるんですよね」

「現実から逃げるということでしょうか？」

「そういう言い方もできると思います。〝死〟は究極の逃亡なんです」

「逃亡、ですか……」

瀬谷駅で十七歳で人生を終わらせた女子高生も、空虚でうまくいかない人生に見切りをつけて、究極の逃亡である〝死〟を求めて孤独にさまよっていたのだろうか。そして、インターネットの中で死に憧れる「病《や》み界隈」のグループを見つけ、そこでその小さな世界で「伝説になれるかな、憧れてくれるのかな」と意識したのだろうか。

「それで、彼女は伝説になったのだろうか……」

私はそう思わずにいられなかった。

彼女が死んで三年経った。少なくとも私のまわりで彼女のことを覚えている人はひとりもいない。彼女の配信した動画もすぐに消されて、もう誰も見ることができない。一般社会から見ると、彼女は伝説になることもなく、誰かに憧れてもらうこともなく、ただ忘れ去られていったように見える。

彼女はそれで満足だったのだろうか。

十七歳の彼女の「死の恐怖に対する希薄さ」に、私はなんとなく身が冷たくなるような気持ちになっていた。

† 歌舞伎町と、あっさり死にゆく若者たち

昔から新宿・歌舞伎町は孤独や若者や世間に受け入れられない若者や個性の強い若者を惹きつけてきた。かつては「コマ劇場前」、今は「シネシティ」や「トー横」と呼ばれる場所に、そうした特徴のある若者が集まっている。

「十代の聖地」と呼ばれている通称「トー横」はすっかり有名になった。

トー横は新宿歌舞伎町の新宿東宝ビルの東側の通路のところで、コロナ禍になってから「街飲み」が広がるようになって、十代の若者たちがここに集まって誰かが持ち込んだ酒を一緒に飲んで酔っ払うという「溜まり場」ができあがっていった。

SNSで結びついて集まってアルコールとドラッグをやって無軌道に騒ぐ。いつの時代でも見られるフラストレーションを抱えた「若者の青春」である。SNSの時代になっても、やはり若者は集まって騒ぎたかったのだ。

歌舞伎町をうろついている十代の若者がホームレスを蹴飛ばしている動画が二〇二一年六月に出回って問題になったこともあったのだが、これもトー横にたむろしている若者が起こした暴力事件だった。こうした若者たちが路上で騒いでいるのは何度も目にしているので、ここで事件が多発する前から彼らの存在は知っていた。

二〇二一年五月十一日、いつもこのトー横でたむろしていた十八歳の男子専門学校生と十四歳の女子中学生が、シネシティ広場から入れるホテルから飛び降り自殺するという事件も起きていた。ＳＮＳで十八歳の男子専門学校生の方は「おなます」、十四歳の女子中学生の方は「のーてん」と称していて、ふたりはトー横で知り合っていた。

この十八歳の男子の方は、いつもトー横の路上で酒とドラッグで酔っ払っていた。ドラッグと言っても、彼が常用していたのは覚醒剤やらマリファナのような王道でもなく、ＲＵＳＨのような危険ドラッグでもなく、市販の風邪薬の「ブロン」である。彼は酒とブロンでいつもべろんべろんになっていたのだった。そして、この男子に惚れたのが十四歳の女子だった。

十代の頃は、無軌道であれば無軌道であるほど、クレイジーであればあるほど目立ってモテる。この無軌道な十代の男子女子は、自殺する直前まで路上で騒いでいた。なぜ分かっているのかというと、本人がそれを動画で上げているからである。

状況から見ると、この男子がブロンで酩酊して衝動的に自殺衝動に駆られ、付き合っていた十四歳の女子を巻き込んで飛び降りたというのが真相のようだ。男子の方はブロンのオーバードーズを繰り返しているのだから、正常な判断能力ではなかったのは間違いない。それに彼に惚れていた十四歳の少女がなりゆきで付き合った感じだろうか。

彼らも死の恐怖は希薄だったように見える。

特に男子の方はそうだ。

彼は死ぬ前に「ＯＤしてパキって飛び降りるとか最高にＣＯＯＬじゃん」とツイートしていた。分かりやすく言うと「薬物を過剰摂取して気持ち良くなって飛び降りるとか最高に格好良い」ということだ。

飛び降りる瞬間は、十四歳の女子と一緒でもあるし、むしろ多幸感に満ち溢れていたかもしれない。彼にとってドラッグをキメて死ぬのはクールだったということなのだろう。

彼らの自殺の後、ウェルテル効果（自殺が起きると自殺が続く）がやはり起きて一ヶ月後には別の若者も飛び降り自殺をした。

それにしても、この死に対する執着のなさはなんだろうか……。

あまりにも死に対してあっさりしすぎているではないか。

「あまりにもあっさり死んでいく」と言えば、歌舞伎町つながりで驚いたこともあった。

ハウル・カラシニコフを名乗っていた男の件だ。

新宿・歌舞伎町にたむろする「トー横キッズ」だが、マスコミが「こういう子供たちがいる」とテレビや雑誌で報道して煽ったり、たむろしている若者たちがインスタグラムやＸ（旧ツイッター）などのＳＮＳで自分たちの情報を上げるので、今でも家出してきた少年少女がここを目指して集まってくる。

今ではトー横の彼らが居ついていた東宝シネマズ新宿ビルの東側のストリートはトゲ付きの「人よけ」が設置されて、監視員が立ったりするようになったので、彼らの一部がシネシティ側に移ったりした。

そこで家出した未成年の支援をしたり、相談に乗ったり、炊き出しをしたり、掃除のボランティアなどもしていた三十二歳の目立つ男がいた。この男は「歌舞伎町卍会」という団体を作っていて、インターネットでは代表「ハウル・カラシニコフ」と名乗っていた。

ＳＮＳにもアカウントを持っていたりしたのだが、ボランティア活動の様子を精力的にアップして〝善人〟を装っていた。『今日も人の為に何かできないか探します』とか書いていた。マスコミもこの歌舞伎町卍会を好意的に取り上げたりしていて、この人物を「見かけは不良だけれども、良いことをしている心の清い人」みたいな扱いでクローズアップしていたのだった。

「少女が売春に巻き込まれないように支援しています」

「歌舞伎町をほっとする場所にしたい」

「ロリコンは追い出した……」

彼はマスコミにも自慢げにそう語った。

ところが蓋を開けてみると、この男自身がロリコンで、少女を毒牙にかけていたという、歌舞伎町らしいオチが待っていた。

二〇二二年六月二十二日。この男は、自宅のマンションに活動の中で知り合った十五歳の未成年少女に二十数回に及ぶ淫行をしていたとしてハウルは逮捕された。当時十五歳の少女の母親が、このハウルと名乗る男を警察に相談して逮捕に至ったのだが、この男は少女に「警察に補導されたら二十一歳と言うように」と言っており、逮捕時は「少女を知っているが十九歳と聞いていた」としらばっくれていた。

この男は、活動の中で可愛らしい少女だけにメッセージアプリのIDを交換して、「悩みの相談に乗る」とマンションに呼んで、そのたびに淫行していた。この手口で四十人近くの少女・女性を餌食にしていたのだから悪質だ。

「売春を幼い子どもにさせたりする奴らは追い出す」

「現時点ではそういう奴らを入れないようにしている」

マスコミにもそのように語って、いかにも自分が少女を守っているフリをしながら、自分が少女を自宅に呼んで蹂躙《じゅうりん》していた。

この男の手口は、アンダーグラウンドでは斬新なものではない。いや、これこそワルどもの典型的かつ古典的な手口である。「困っている子を助けるフリをしてワナに落とす」手口は半グレやチンピラもよく使う。

「不良仲間に女性を絡ませて、そこに自分が現れて不良たちを撃退して、女性を助けたフリをして付き合う」みたいな手口を使う。一九八八年に起きて日本を震撼させた「女子高生コンクリート詰め殺人事件」の犯人たちも、この手口で少女を引っかけていた。ハウルを名乗っていた男の手法は「ボランティアや炊き出しで困った子を支援して、相談に乗るフリをして性行為まで持っていく」というものだった。

ところで、このハウルだが二〇二二年六月に逮捕されて、五ヶ月後の十一月に東京拘置所で突如として死んでしまったのだ。「東京拘置所内の部屋で体調が急変し、その後死亡していた」という報道以上のことを警察はいっさい語らないままなので、自殺だったとか病気だったとか、いろんな噂が飛んだ。

私が気になったのは、「あっさりと死んでしまった」という部分だった。三十二歳で重い病気を抱えていたわけでもない男が、二十四時間監視されている環境の中で、こうもあっさりと死んでいく。奇妙な感じだった。公式な発表を信じるとすれば、この男は殺されたわけでも自殺したわけでもなく「体調が急変して死んだ」のである。

ある介護士に「人が突然死するのは、多くが心臓疾患」だと聞いたことがある。心不全、心筋梗塞、不整脈、心筋症などである。しかし、ハウルはまだ若く、歌舞伎町を徘徊し、数十人もの少女を毒牙にかける体力もあるほど健常だったのだ。病弱ではなかった。しかし、あっさりと死んでいる。

このハウルが収容されていたのは東京都葛飾区小菅の東京拘置所なのだが、かつて拘置所に収容された経験のある人物に、

「こんな簡単に人間は死ぬものだろうか？」

と尋ねてみたとき、彼は
「生きる気力がない奴は先に死ぬんだよね。こいつは、別に必死で生きようとは思っていなかったんじゃない？」

と、言ったのが印象的だった。

もちろん、ハウルを名乗っていたこの男は、死にたいとはまったく思っていなくて、身体のなんらかの異変で本人の意思とは関係なくいきなり急死したのかもしれない。本当は絶対に死にたくなかったのかもしれない。

しかし、ハウルはあっさり死んでいる。

必死で生きようとは思っていなかった……。

私は、それこそがトー横界隈の類似性に見えてしかたがなかった。

相鉄線の瀬谷駅でなんのためらいもなく飛び降り自殺した十七歳の女子高生や、歌舞伎町で夜中まで騒いでから仲良く飛び降り自殺していった十八歳と十四歳の未成年カップルが嫌でも脳裏に浮かぶ。彼らは生に対する執着が希薄で、人生に対してもぼんやりとした上辺《うわべ》だけの部分で「なんとなく」生きていて、死を必死で遠ざけるのではなく、むしろ死

を歓迎している気配すらもあった。

†　リストカットという世界

「死を歓迎している」と言えば、他にもふと思い当たることがあった。リストカットをする女性たちのことだ。新宿・歌舞伎町のシネシティは毎度のごとく事件が起こるが、二〇一九年八月三十一日の真夜中も事件があった。メイド服を着た若い女性たちが座り込んで、突如として集団でリストカットを始めたのである。

リストカットというのは自傷であり、自傷というのは個人が抱えたフラストレーションの発露である。言ってみれば、とても個人的な感情の動きであるはずだ。しかし、彼女たちは「集団」でリストカットを始めた。

それも、密閉された部屋の中で孤独や絶望を抱え込んだ仲間たちと集まってやるのではなく、何百人もの人たちが行き来する公共の広場でそれをやった。彼女たちの腕からは血が流れて大量に滴り落ち、まわりの人たちが驚いて警察を呼んで、一時は騒然とした騒ぎになった。

それは誰でも驚くだろう。

結局、彼女たちは警察と共に呼ばれた救急隊によって連れて行かれたのだった。しかし、この事件はショックというよりも冷笑で受けとめられた。目立つメイド服などを着て、公共の場で傷を付けて血を流す。それは、まるで一種のパフォーマンスのようでもあったし、「構って欲しい」「見て欲しい」という未熟な自己愛のアピールと思われた。「死にたい」「自分を抹殺したい」という切羽詰まった感情ではなく、パフォーマンスであるとしたら、それは「炎上目的のショー」でもある。人々はこのリスカ・パフォーマンスに、そうした空気を感じたようだ。

彼女たちのように死ぬつもりはなく、ただ見せびらかすだけで自傷するのを「ファッションメンヘラ」と呼ぶ人もいる。相鉄線の瀬谷駅で死んでいった女子高生も使っていた言葉である。彼女は『そこらへんのファッションメンヘラと一緒になりたくない』と書き残した。歌舞伎町の集団リスカ・パフォーマンスを行った女性たちが冷笑されたのは「本気の死ぬ気」が見えないがゆえにファッションだと思われたからだ。

しかし、彼女たちを写した現場の写真を見ると、ひとりは大量に出血して腕が血まみれになっており、地面にも大きな血痕が残るほどだった。パフォーマンスではあっても、比較的大きな自傷であったと言える。

実際のところ、集団リスカを行った彼女たちは何者だったのか。

彼女たちはあるビジュアルバンドを追いかける女性たちの集団だった。特定のバンドを追いかける女性たちのことを「バンドギャル＝バンギャ」と呼ぶ。欧米では「グルーピー」と呼ばれる集団である。いくつかの特徴的なバンドには、熱狂的な女性ファンがつく。そして、バンドとグルーピーの間で世界観が共有されていく。

現場に散乱していた荷物の中から、彼女たちが「バンギャ」と呼ばれるタイプの女性たちであると特定されていた。そのバンドはメンヘラ（メンタルが不安定な人を指す言葉）が熱烈に支持するグループで、このバンドの世界観からリストカットをするタイプの女性が集まっていたようだ。

まさか、そんな女性たちを集めるバンドがあるとは部外者には信じ難いものもあるのだが、アンダーグラウンドの音楽シーンはいろいろ過激なグループも多い。

音楽も、私たちの音楽の概念を超越するような「ノイズ」と呼ばれる過激なジャンルもあって、破壊や暴力を見せるような世界観もある。アンダーグラウンドの音楽界では、検閲されないあらゆるタイプの裏世界が花開いているのである。ドラッグ、セックス、バイオレンス、極左ソング、極右ソング、テロ扇動ソング。表にはけっして出せない世界観がアンダーグラウンドの音楽シーンには息づいている。

そうであれば、リストカットに惹かれるような、あるいは日常的にリストカットをしているような女性が好む世界観を持ったバンド、グループがあったとしても不思議ではない。

シネシティで集団リストカットをした女性たちもまた、そうしたアンダーグラウンドの音楽シーンに集まっていた。そして、アンダーグラウンドのバンドの世界観に共鳴し、仲間内の結束や儀式のひとつとしてリストカットがあった。

ところでこのリストカットだが、本気のリストカットは最終的には死に至る。皮膚を切り裂き、大量の出血をするのだから、動脈なんかを切ると噴き出すような失血がとめられなくなって死んでもおかしくない。そういう意味で、リストカットもまた当事者が死を意識しながら行うものだと言うこともできる。

二〇一九年四月。私はこの歌舞伎町にある雑居ビル二階の喫茶店『クール』で、ひとりの二十代後半の女性に会っていた。彼女は場末の風俗嬢によくあるように不健康な太り方をしており、肌も荒れ、髪の毛もボサボサで、とても客が付きそうにないような容姿だった。そんな彼女に場末のデリヘルがどのようなものなのかを聞いていたのだが、そのとき私は彼女が両腕に規則正しい切り傷が付いていることに気がついた。

「それは、リストカットの跡？」

私が尋ねると、彼女はうなずいて傷を隠すように腕を組み、こう言った。

「死にたくなったんで試してみた」

「仕事が合わなくて？」

「うーん、この仕事をするずっと前かな」

「なんで死にたくなったの？」

「なんとなく……」

彼女は言葉少なげにそれだけ答えてくれた。

よくよく聞くと、彼女は子供の頃から太っていて親からも汚い言葉でなじられ、学校に行ってもいじめられ、高校は中途退学して数年引きこもっていた。その間、ずっと親に罵倒され続けていた。「うちは厳しかったから」と彼女は言った。リストカットはそのときに行っていたのだった。

結局、彼女は〝厳し過ぎる親〟に耐えられなくなって家出同然で千葉の実家を出て、歌舞伎町に流れ着き、ネットカフェで日雇いの仕事を探しては暮らすようになっていた。激安のデリヘルもまた彼女の仕事のひとつで、精神的に働けそうなときだけ在籍するという。

「今はもうリストカットはしていない？」

「リストカットはしてないけど、早く死にたいと思ってる」

彼女はそのように答えた。

やはり彼女も「死にたい」のか……。

彼女は別に強い決意を持ってそう言ったというよりも、なんの気負いもなく思っていることを素直に言っただけであったが、聞いているほうは逆にそれが恐ろしいのだ。「こういう気負いのない人が本当に死ぬ」という思いが心によぎる。

彼女の「早く死にたい」という言葉は、それくらい自然な口調であった。

リストカットという行為そのものが、深層心理の中で死に対する羨望のようなものを内包していると思うのだが、彼女もまたそうしたものがあったように思う。


二〇二三年五月の終わり。新宿・歌舞伎町のシネシティ広場で座り込んでいた自称二十二歳の無職の男子と話をしていた。彼はひどく痩せていた。黒いマスクをして髪を金髪に近い茶髪にして目元を隠しているので、コミュニケーションを避ける性格なのかと思ったが、意外にフレンドリーで受け答えがまともで、それだけで私は少し好感を持った。

「よくここに来てるの？」

「たまに……」

ここに来ていない時はなにをしているのかを尋ねたら「なんもしてない。家で引きこもってゲームしてる。それか、ひとりでパキってる」と彼は素直にそう言った。

クスリを過剰摂取しているという意味の「パキってる」を普通に使いこなしている時点で、彼もまたトー横にたむろする若者たち独特の薬物文化（ドラッグ・カルチャー）に染まっていることが窺い知れた。

「仕事とかしてないの？」

「ムリ。仕事向きじゃないし」

「そうかもしれないけど、お金とかはどうするの？」

「うーん、分かんない。誰かにもらう」

「もらうって誰から？」

「親とか。彼女とか」

「なるほど……」

そういう話をしながら、いつしかとりとめない雑談になった。しばらくして、私は話を切り上げて帰ろうと思い、なにげなく「今度はいつ来るの？」と聞いたら、彼はこう言った。

「今度？　分かんない。明日死んでるかもしんないし」

またもや、〝死〟だ……。

もし、「明日死んでるかもしんないし」というのが、普通に暮らして普通に働いて普通に生きている二十代の若者が言ったのであれば「おもしろい冗談だ」と私は笑ったかもしれない。しかし、歌舞伎町で漂流するように生きている彼の口からそれを聞くと、やはり冗談とは思えなかった。ここでも「死の恐怖に対する希薄さ」を感じた。いったい、なぜ誰も彼もそんなに死にたいのかと思わずにいられなかった。

それから彼を見かけることはなかったが、もし死んでいたとしても私は驚かないだろう。ここの若者たちは〝死〟がとても近いのだから……。

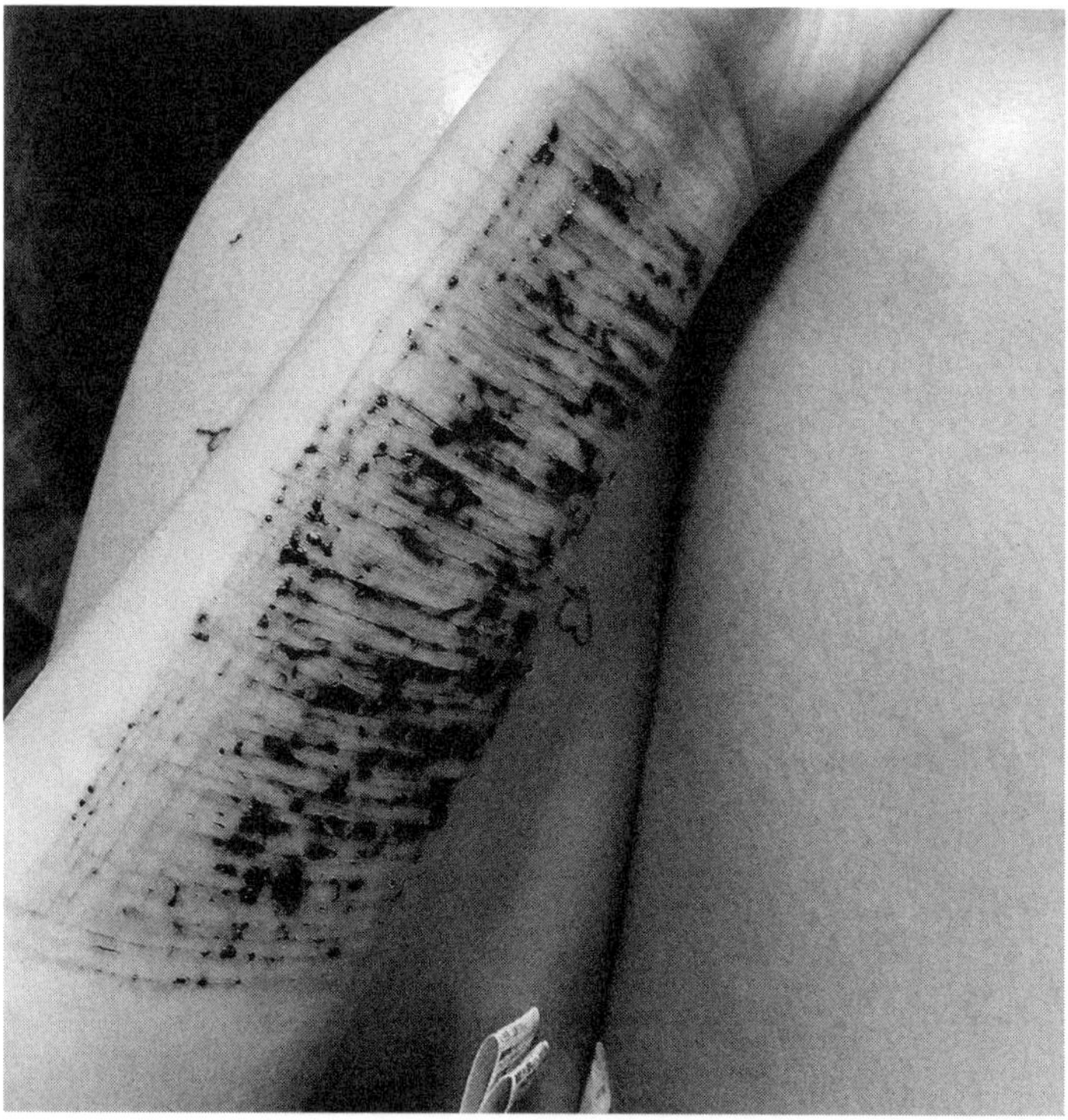

リストカットをしている女性の腕。彼女は何度も何度もリストカットを繰り返していた。リストカットという行為そのものが、深層心理の中で死に対する羨望のようなものを内包していると思う。

第二章　死ぬことには価値がある？

† 自己嫌悪や自己否定の感情が強い？

ところで、私が「生に対する執着が希薄な若者」「あっさりと死んでいく若者」を見つけたとしても、それがこの世代の特徴を表しているわけではない。単に若者の一部に「生に対する執着が希薄な若者が一部にいる」ということを示しているに過ぎない。

私はむしろ、その真逆にいる若者を多く知っている。

健康的でバイタリティにあふれ、明るくて笑い声が絶えない若者が私のまわりに大勢いる。彼らに「今の若者は弱くなったのだろうか？」と尋ねると、「そんなことはない。そういうことを言うこと自体、歳を取ったということかも」と反発する。そのとおりだと思う。死に羨望を抱いてあっさり死んでいく若者もいれば、したたかに今の時代を生き抜く若者もいて玉石混交である。それが世の中というものだ。

ただ、気になることもある。

内閣府は「標本数を一万サンプルとし、標本数を全国七ブロックに分け、ブロックごとの十三歳から二十九歳までの人口比率を割り付けて、インターネット調査を実施した」結果として『子供・若者の意識に関する調査』の令和元年版を刊行している。これを丹念に見ていくと、目を引くネガティブな結果がいくつも散見されるのが分かる。

今の自分が好きだ（そう思わない五三・五％）
自分らしさを強調するより、他人と同じことをしていると安心だ（あてはまる四八・二％）
うまくいくかわからないことにも意欲的に取り組む（あてはまらない四八・一％）
自分の考えをはっきり相手に伝えることができる（あてはまらない五〇・九％）
いまの自分自身に満足している（あてはまらない五九・二％）
自分は役に立たないと強く感じる（あてはまる四九・九％）

「今の自分が好きだ」という設問で「あてはまらない」と答えた若者たちは五三・五％だが、実は年齢が上がれば上がるほど「あてはまらない」が増えていく。十三歳から十四歳までは三八・八％なのに、十五歳から十九歳になれば五三・九％と跳ね上がり、二十歳から二十四歳までは五五・六％に、そして二十五歳から二十九歳までは五六・六％となる。早い話が、若者たちの半数は自分を嫌っており、年齢が上がれば上がるほど、そう思う人が増える傾向にあるということだ。

本来、若者というのは夢や希望に満ちあふれている時期であるはずだ。しかし統計を見ると、どうもそうでもないことが分かる。若者の半数は自分が好きではなく、半数は自分に満足しておらず、そして半数は自分が役に立たないと思っている。

これは、多いと見るのが自然なのか、少ないと見るのが自然なのか。

このヒントになるのが内閣府の出している『我が国と諸外国の若者の意識に関する調査（令和元年版）』にある。日本・韓国・アメリカ・イギリス・ドイツ・フランス・スウェーデンの若者たちと比較するとどうなっているのかというと、次のような結果となっていた。

自分に満足している　七カ国中で日本は七位（最低）
自分には長所がある　七カ国中で日本は七位（最低）
自分は役に立たないと強く感じる　七カ国中で三位

日本人は奥ゆかしいところがあるので、自己肯定感は低いという分析もあるのだが、客観的に見ると、日本人の若者は世界と比較してもかなり自己嫌悪や自己否定の感情が強いのが分かる。夢や希望に満ちあふれて「いない」のだ。その自己嫌悪や自己否定の最先端のところに「生に対する執着が希薄な若者」「あっさりと死んでいく若者」「死の恐怖に希薄な若者」が存在するのだろう。

一度、この話を経営者のグループに話をしたことがある。その時の質疑応答で経営者のひとりは「本当にそんな若者が大勢いるのだろうか」「私のまわりでそんな子はあまり見ない」と首をひねったのを覚えている。それに同調して深くうなずく経営者もいた。

その時に私がふと思ったのは「そうか……、彼らの存在が見えない人たちもいるんだ」

ということだった。

もしかしたら、特定の人たちには自己嫌悪や自己否定の強い若者は見えないのかもしれない。なぜなら、こうした若者たちは、人前に出ることを極度に避けるからだ。まして、アグレッシブに人生を生きている経営者には臆するだろう。結果として、彼らは隠れて存在は見えなくなり、経営者たちには明るい若者ばかりが目につくことになる。

しかし、その陰では見えない若者が間違いなく「大勢」いる。

自分を愛することができて、自分をアピールすることに長けている人たちにとっては、たしかに接することがないかもしれないし、見ることもないかもしれない。彼らにとっては存在しないも同然かもしれない。

しかし世の中には、一面ではない。物事を前向きに捉えて問題や障害をひとつひとつ克服しながら生きていく人ばかりが社会を構成しているわけではないのだ。毎日の出来事に傷つき、克服できず、追い詰められる人も相当数いる。十七歳で死を切望して電車に飛び込む少女や、市販の風邪薬を一気飲みして知り合ったばかりの女の子と一緒に飛び降り自殺する若者や、苦しみに遭うたびにリストカットする女性が存在するのだ。統計データが示しているものは、まさにそうした若者たちであると言える。

彼らは常に生きづらさを抱えており、まったく先が見えない状態にある。そして、「こんな自分が生きていてもしかたがない」と早くからあきらめてしまうのだ。世の中は、克服できないほどの壁が立ち塞がっているように思う。

まわりの環境も、自分も変えることができない中で、「もう疲れた。生きたくない」と漠然と思っているうちに、それがしだいに育っていき、なんらかのきっかけで死を選ぶ。日本では約二万人近い人たちが自殺を選ぶのだが、実は自殺未遂はその十倍もあると推測されている。十倍と言えば二十万人である。死んでしまいたいと考える人は珍しくないということだ。

彼らは生きる意欲を失っている。

そんなとき、ふと自殺を思いつき、たまらなく惹かれていく。

疲れ果てた人にとって、永遠に楽になれるという事実はとても甘美な世界でもある。死は、一歩踏み出せばそこにある。手首を鋭利な刃物でさっと切れば失血死することができる。ロープやヒモを用意して、それを首にかけて自分の体重で締めれば窒息死することができる。高いところに登ってそこから飛び降りれば墜落死することができる。あるいは、ホームから電車がくる寸前に飛び込めば轢死することができる。

たったの「一歩」で人は簡単に死ねるのである。先が見えず、必死でもがいて生きていくよりも、少しの勇気を出せば苦しみを一瞬に、永遠に、完璧に終わらせることができる。

たったの「一歩」で……。

それを試したのが相鉄線の瀬谷駅で死んでいった十七歳の女子高生だった。

† まだ二十歳なのに、もう「死にたい」と思う

栃木県・宇都宮の風俗店で働いている女性と会った。

宇都宮は関東圏に拠点のある風俗嬢にとっては重要な出稼ぎ拠点のひとつで、一週間に五日、出稼ぎ先の風俗店で働いて休みの二日は東京に戻るというような出稼ぎをしている風俗嬢が大勢いる場所なのだ。

私が会った女性はちょうど二十歳だったのだが、彼女もやはり東京から宇都宮に出稼ぎで働くスタイルを取っていた。宇都宮ではソープランドとデリヘルをやったりしていたのだが、それは「自分を追い込むため」と彼女は答えた。

彼女の昼職はパチンコ屋のホールスタッフだった。しかし、もともと風俗をメインにして働いていたので昼職が長く続かず、かと言って風俗もストレスで転々としており、金銭面で窮していた。そこで気合いを入れて働くために、仕事以外になにもすることがない宇都宮に身を置いて稼ごうとしていたのだった。「敵地《アウェイ》に身を置いている」と彼女は表現した。彼女にとって出稼ぎ場所はアウェイだった。

出稼ぎまでして金を稼ぐと言うと、バイタリティがある女性のように見えるかもしれない。しかし、実際にはとても疲れ果てた暗い表情をしていて生気がなく、「死にたい、死にたい」と何度も私に言うような状況だった。これまでも「ずっと死ぬことしか考えていなかった」と述べた。

まだ二十歳なのに、彼女もまた「もう死にたい」と思っていたのだ。

彼女は睡眠薬を常習していて、それが効かなくなると「死にたいという気持ちがすごく高まる」と私に言った。そして、ウツになり、精神的にも追い詰められていく。

年齢に関係なく、性別に関係なく、人は誰でも追い詰められる時がある。なにがきっかけになるのか分からないが、精神的におかしなことになることもあるし、生きているよりも死んだ方がマシだとぼんやり考える日もある。自分は生きている価値もないと思うこともある。生まれてきたのが間違いだったと口にする人も多い。たとえば、自分の生きる力の限界を感じて、肉親にこのように言う女性すらもいる。

「生まれてきてごめんなさい……」

生まれてきたことを謝るというのは、自分が生きている価値がないと言っているも同然だ。生まれてこなければ良かったというのであれば、死がその解決になってしまう。そうした気持ちを強く持ってしまった女性は、生き続けることに意味を見出せない。だから、宇都宮に出稼ぎしている彼女のように「死にたい」と思って追い詰められる。

夜の世界で生きている女性たちは、歌舞伎町で会ったリストカットの風俗嬢や、この宇都宮の女性だけでなく、「死にたい」と漠然と思っている風俗嬢は多い。そして、風俗嬢は少なからずが「自殺した風俗嬢の知り合い」を持っている。

彼女たちの少なからずは、昼間の職場ではうまく生きられなかった結果として夜の仕事に入っている。そのため、夜に生きることに劣等感を覚えている。だから女性たちは、自分がどうにもならない人生を生きているという息苦しさを感じ、心に闇を抱える。そして、死を意識するようになっていくのだ。

絶望感の中で死を選ぶ女性は、怖くなかったのだろうか。死に対する恐怖はなかったのだろうか。もちろん、誰にも恐怖があるし逡巡もあるはずだと私は思っていた。一度死んでしまったら、二度と生き返ることはできないからだ。

しかし、死んでいった若者たちの死ぬ間際のＳＮＳや残した動画などを見ていると、どうもそうではないというのが私には見えてくるようになった。自殺を望む若者たちにとって、死は希望なのである。

自殺未遂から生還したある女性は、「自殺を決意したとき、急に解放的な気分になった」とＳＮＳに綴っていた。自殺を決めた瞬間、「ああ、これですべてから逃れることができて楽になれる」と思って、怖いどころか逆にすがすがしくなったというのである。

生きることに対して漠たる不安感を覚えることは誰にでもある。あるいは、もう自分の人生が絶望の袋小路に入って抜け出せないと感じる人もいるはずだ。そんなとき「死んだら楽になれる」と思った瞬間、死が甘美的なものになっていく。

電車に飛び込んで死んだ十七歳の少女が残した『自殺配信した後のことを考えてニヤニヤしている。伝説になれるかなあ。憧れてくれるかなあ』という言葉を見ても分かる。彼女にとって死は甘美なものであって、恐怖よりも解放感に浸ってはずだ。

つらいこと、悲しいこと、嫌なこと、面倒なこと、傷ついたこと、疲れたこと、恥ずかしいこと、困ったこと……。そんなものから死はすべて解放してくれると、彼女はそう思ったはずなのだ。

実際、死はすべてを終わりにしてくれる。だから、導かれるように死んでいく若者たちが出てくる。彼らは「生死の価値観」が逆転しているのだ。

生きることは価値がなく、死ぬことには価値がある。
生きることは苦痛で、死ぬことが希望になる。
生きることは負けで、死ぬことが勝ちになる。

彼らは生きることに意味を見出せない。苦しいだけだからだ。そこから解放されたいと強く願っている。今も日本の社会の片隅で、生きにくさを感じ、それを克服するよりも逃げたいと思っている若者が、究極の逃亡先である〝死〟を求めて孤独にさまよっている。実際、「死ぬ勇気」がないだけで生きている若者も大勢いる。では、「死ぬ勇気」がない若者はそのまま生きながらえていくのだろうか？

大半はそうだろう。

しかし、そうではない若者がいることが明るみに出たのが「首吊り士」を名乗る男が引き起こした凄惨な事件だった。

†「首吊り士」に連絡を取る女性たち

二〇一七年十月三十一日、神奈川県座間市で女性八人と男性一人を二ヶ月の間に殺しまくっていた二十七歳の男が逮捕された。この男はX（旧ツイッター）で「首吊り士」と名乗り「首吊りの知識を広めたい。本当につらい方の力になりたい。お気軽にDMへ連絡下さい」とプロフィールに書いていた。そして、固定されたポストではこのように説明していた。

『学校でも職場でもいじめは絶えない。毎日のように通う場所、会う人間とうまくいかないと、精神的にどんどん追い込まれていく。世の中には、ニュースになっていないけど自殺未遂をしてしまって苦しい思いをしている人がたくさんいると思います。そんな人の力になりたいです』

「力になりたい」と言っても生きる希望を与えたいとか精神の安定を取り戻して上げたいという意味ではない。逆だ。この男は「首吊り自殺を手伝う」と、堂々と述べていたのである。あまりにも怪しくて、ただの炎上系の迷惑アカウントなのかと誰もが思う。普通は近寄らない。

しかし、「首吊り士」に惹かれる女性もいた。

死ぬ勇気がないまま流されるようにして生きている女性には「首吊り自殺を手伝う」というのは刺さる言葉だったのだ。この得体の知れないＳＮＳを見て、何人もの女性が「首吊り士」にＤＭ（ダイレクトメール）を送って会話し、出会って実際に首を絞められて殺された。

ただ、女性たちにとって誤算だったのは、男がレイプ目的もあったことだろう。

この男は出会った女性を全員レイプしていた。そのあとに殺されている。ひとりだけ被害者に男性がいるのだが、この男性は事件が発覚しないようにしかたなく殺しただけで、望んだ殺人ではなかった。あくまでも、この男が求めていたのは「死にたいと思っている女性」だったのだ。

この男は高校を卒業して職を転々として新宿・歌舞伎町の路上でスカウトする仕事をやっていた男であった。主戦場にしていたのは区役所通り近辺で、主にミスタードーナツあたりにいることが多かった。このあたりは歌舞伎町の喧噪を避けている水商売の女性が迂回するために歩く通りである。

男はここで自分を無視する女性を執拗に追いかけたり、腕をつかんだりして問題を起こしていた。これが二〇一六年の頃だ。ちなみに男が所属していたスカウト会社は、女性を茨城県の神栖《かみす》市の違法風俗店に送ってバックマージンを手に入れるのをビジネスとして行っていた。

茨城県の神栖市はよく知られた港町なのだが、港町には風俗店が集まるのは世界共通の現象だ。この神栖市にも、デリヘルやソープランドが点在しているのだが、このあたりは非常にアクセスが悪い。特にソープランドが点在している国道一二四号あたりは、若い女性が思い立って行こうと思うような魅力的な場所ではない。デリヘル店が集積している鹿島神宮駅にしても、ただっ広いだけのなにもない田舎の駅でしかない。

港町なので需要はあるのだが、供給がない。だから、こうした地方の風俗店は都内のスカウト企業と提携し、スカウト会社は歌舞伎町で捕まえた女性を、誰も行きたがらない場所に送り込むというビジネスが成り立つのである。女性をモノとして扱い、モノとして売りさばく。率直に言うと、これは現代の人身売買である。

神奈川県座間市で自殺に惹かれる女性たちを呼び込んでレイプして殺していた男「首吊り士」は、その前にスカウトで女性に次々と声をかけるというビジネスを通して、しだいに女性をモノ化することを覚えたようだ。

この男はスカウトの社長もろとも、二〇一七年二月に職業安定法で逮捕されている。そして六月になって、懲役一年二ヶ月、執行猶予三年の有罪判決が確定した。これを機に男はスカウトの仕事を降りた。しかし、女性を「モノ」として見るスカウト特有の心理が骨の髄まで身について離れなかった。この男にとって女性というのは、売り飛ばしたりバラバラにしたりできる「モノ」だったのだ。その心理が、スカウトを辞めた後に起きる事件を引き起こす遠因となっていく。

男は、有罪判決のあとにスカウトから足を洗って、池袋から自分の出身地である座間市に戻り、小さなアパートで暮らし始めた。しかし、前科がついて執行猶予中の男にまともな仕事などあるわけがない。しばらくは倉庫で荷物運びをしていたが、男にはどうでもいい仕事でもあった。

それで、どうしたのか。

女性をモノ化して儲けていた男は、やはり女性をモノ化して金を手に入れる発想しか頭になかった。スカウトをやっていた時の経験で、「病んだ女は落ちやすい」という経験則を手に入れていたので、今度はＸ（旧ツイッター）等のＳＮＳで「首吊り士」という名前で登録し「自殺を手伝います」と告知した。他にもいくつもの似たようなアカウントを作って使い分けていた。

そして、死に惹かれる女性を次々とおびき寄せたのである。

この男に殺された女性は、みんな「自殺を手伝う」というフレーズに惹かれて接触している。「死の手伝いをする」というＳＮＳを見て連絡を取るのだから、心に大きな問題を抱えていたのは間違いない。

この男はそうした女性をＳＮＳで容易に手に入れた。そして自宅のアパートに誘い込んで、次々とレイプして、首を絞めたり吊るしたりして殺し、バラバラにして遺体の処分をしていた。ところで、この男によって殺された女性たちの年齢はどうだったのだろうか。

一人目、二十一歳。

二人目、十五歳。

三人目、十九歳。

四人目、二十六歳。

五人目、十七歳。
六人目、十七歳。
七人目、二十五歳。
八人目、二十三歳。

十代が四人、二十代が四人で、みんな若い女性であることが分かる。十五歳や十七歳は少女と言ってもいい。「死にたい」と思いながら死ぬ勇気がない少女や若い女性たちのたどり着いた先が「首吊り士」を名乗る元スカウトの二十七歳のうさんくさい男であった。よく知らない、得体の知れない男に接触するほど、彼女たちは「死にたい」と思っていたことが分かる。

ちなみに、この男は二〇二一年一月に死刑判決が確定している。

第三章　ゾンビ化していく若者たち

† オーバードーズが生み出す奇妙な世界

歌舞伎町のシネシティ広場の片隅では、いつも行き場のない若者たちがたむろして談笑したり、情報交換したりしている。そこで知り合った十代後半の女の子のひとりが、「ゾンビになりたい」と口にしたことがあった。奇妙なことを考えるものだと思いつつ、その理由を聞いたら「だって、ゾンビってかっこいいじゃん。死んでるんだよ」と彼女は答えたのだった。

「死んでるから、かっこいい？」

「うん。かっこいい」

これを聞いたとき、私は歌舞伎町シネシティ広場で「将来は末期がんになりたい」と言った女の子をすぐに思い浮かべた。「末期がんになりたい」も「ゾンビになりたい」も、いずれも〝死〟を象徴していた。本当に彼女たちの意識には〝死〟が手の届くところに存在していた。

「ゾンビになりたい……」

この言葉が後になって重く印象に残った。ふと私は「ゾンビになりたい」という表現は他の若者も持ち合わせているのではないかと思った。ＳＮＳを辿ってみると、やはり若者らしき一部のアカウントで「ゾンビになりたい」と書いているのを、いくつも見つけた。

「そうだったのか、これもまた死に対する憧れの表現だったか……」

私はそう思い至ったのだった。

生きることは価値を見出せず、生きることは苦痛で、生きることは負けだと考えている若者にとっては、「生きている死人《リビング・デッド》」のゾンビは理想だったのである。

将来に展望を見出せず、やりたいこともなく、なんとなく空虚に生きていて、親にも理解されず、学校でもいじめられ、落ちこぼれ、行き場を失い、自分がなんのために生きているのかを見失う若者たちは、このまま生きていくには荷が重すぎる。彼らはこの世に自分の存在感がまったくないように思え、その悲しみから逃れることができない。とても、理性を持っていられない。だから、生きている死人であるゾンビに惹かれる。

こうした若者を引き寄せている行為がある。

それがオーバードーズである。

薬の過剰摂取のことを「オーバードーズ」と呼ぶのだが、オーバードーズこそが空虚に生きている彼らの「救い」でもあった。挫折感も、虚無感も、厭世観も、絶望感も、オーバードーズすることによって忘れることができる。そして、あわよくば意識を飛ばしたまま死ぬこともできる。

それは、まさに「ゾンビになる」ということなのかもしれない。

二〇二〇年に相鉄線の瀬谷駅で飛び降り自殺した十七歳の女子高生も、さまざまな抗うつ剤を飲んでいて、ＳＮＳに錠剤の写真をアップしては、これらの薬をオーバードーズしていたことを綴っていた。彼女はいくつかの薬剤を「かわいい」と形容していた。薬剤を「かわいい」というのは普通の人は持ち合わせていない。しかし、自分をゾンビ化してしまう薬剤を、彼女は愛おしく思っていた。

欧米ではどこでもコカインや覚醒剤《メス》やヘロインなどの強烈なハードドラッグが手に入る環境にある。アメリカ・ペンシルバニア州フィラデルフィアにケンジントン通りは、そうしたハードドラッグの依存に堕ちた者たちが路上をさまよい歩く光景がある。人々はこの光景を奇しくも「ゾンビ・タウン」と呼んでいる。ドラッグは人を「ゾンビ化」させるものだった。

この世の苦しみを忘れるには「生きている死人」となればいい。そのためには、ドラッグが手っ取り早いのである。しかし、日本ではこれらのハードドラッグを普通の十代の若者が手に入れるのはとても難しい。

二〇一〇年代頃までは危険ドラッグが広がっていて歌舞伎町の雑居ビルの一角でも、危険ドラッグを販売する店があったのだが、依存者が危険ドラッグで酩酊したまま車を運転して歩道に突っ込むような事件が多発したことで、この危険ドラッグも厳しく規制されていくことになった。

ハードドラッグも手に入らない若者たちは、それでどうしたのかというと彼らはごく普通の市販薬を買って、それを一気飲みすることで代用するようになったのだった。

歌舞伎町を歩いていると方々にブロンの箱やカラ瓶が転がっているのに気づく人もいるだろう。現在、新宿・歌舞伎町のシネシティでたむろしているトー横界隈の未成年たちが、市販の風邪薬「ブロン」などを薬局で買って一気飲みしているのである。そして、シネシティで転がって身体を痙攣させていたり、昏睡していたりする。

彼らの深層心理の裏側には、やはり〝死〟に対しての憧れのようなものがある。漠然と「死んでしまいたいなあ」という気持ちが彼らの心を占拠していて、それがオーバードーズに駆り立てていく。

使われる市販薬は「ブロン」だけではない。メチルエフェドリンやリン酸ジヒドロコデインなどが含まれている風邪薬の錠剤であれば、どんな薬でも使われる。メチルエフェドリンは覚醒剤と成分的に同じ原料であり、何十年も前から市販薬オーバードーズの筆頭である。

現在、「ルルアタックＥＸ」「パブロンかぜシロップ」「ヒストミン」「フスコンＺ液」「新コンタックかぜ総合」「スラジン」「ベンザブロック」……等々。五十種類以上の風邪薬でメチルエフェドリンやリン酸ジヒドロコデインが使われている。

さらに、メチルエフェドリンとは別系統の成分デキストロメトルファンが入っていることで乱用されるのが「メジコン」である。

最近はブロンよりもメジコンの方が使われることが多い。メジコンはシオノギヘルスケアが発売している第二種医薬品で、紫色の包装紙が特徴的だ。違法薬物ではないので、そこらのドラッグストアで二十錠入りと四十錠入りが普通に売っている。

市販の風邪薬だからと言ってオーバードーズしても死なないわけではない。意識が混濁したまま昏倒して死ぬこともあれば、薬剤が身体に吸収され過ぎて致死性不整脈が致命傷になって死ぬこともあれば、嘔吐の際に窒息して死ぬこともある。

オーバードーズは常に死と隣り合わせだ。

実際、二〇二一年十二月には滋賀県守山市で十九歳の女子高生が向精神薬のオーバードーズで死亡するという事件もあった。この女子高生はＳＮＳでオーバードーズ仲間を探しているうちに三十九歳の男と知り合って向精神薬を五十錠譲ってもらっていた。彼女はそれを飲んで意識不明となって死んでいった。

オーバードーズし、薬剤が身体に吸収され過ぎて死ぬとしてもすぐに死ねるとは限らない。一週間ほど病院で苦しみ抜いて死ぬ若者もいる。幸か不幸か生き残ったとしても、肝臓に損傷を受けて黄疸や腹水が溜まるような症状になったり、不定愁訴が続いたり、体温が一定しなくなったり、激しい動悸が周期的に襲いかかったりするような副作用に見舞われて治らなかったりすることもある。

しかし、彼らは〝死〟の願望が心の奥底にあって、生に対する執着が希薄なので、死ぬのであればそれはそれでいいと思っている。死ぬことや傷つくことは彼らにとっては望むところなのである。オーバードーズを繰り返す二十六歳の女性は「やむやむさん」というニックネームでＳＮＳをしているのだが、その中でこのようなことを書いている。

感情がぐちゃぐちゃしすぎて、脳内処理出来ない
こんな人間消えちゃえばいいのに。
死ぬ時は葬儀代は用意しておこ
あとから大変になるのも面倒いしね

それほど「生きること」から逃れたいという気持ちが意識的にも無意識的にもあるというのが分かる。

彼らは今の社会で疎外されている。どうしても、うまく生きられない。自分でもそれを

強烈に自覚している。だから彼らの一部は自分たちのことを「メンヘラ」と自虐する。メンヘラとは「メンタルの不調」「心に闇を抱えた状態」を彼らなりに表した言葉なのだが、今では一般人も普通に使うようになっている。

いつの時代でも、生きづらい思いを抱えていて漠然と死に惹かれていた人たちは大勢いる。そして、オーバードーズしていた人たちもいる。

それこそ、作家・太宰治もパビナール（モルヒネ）中毒になって「小説を書くのがいやになったから死ぬのです」と遺書を残して女性と一緒に死んでいったし、芥川龍之介も睡眠薬中毒でしばしばオーバードーズして「僕の将来に対する、ただぼんやりした不安」があるというので睡眠薬自殺している。

ただ、かつての時代と現代が違うのは、現代は誰でもＳＮＳで自分の生きづらさをつぶやくことができることだ。そしてＳＮＳでは同じ「メンヘラ」の仲間たちや「オーバードーズ」の仲間とつながることも簡単だ。そこで鬱屈した感情を共有したり、自分のオーバードーズやリストカットについての感想を聞いたり、オーバードーズを理解している者同士で会話する。

かつては社会で孤立無縁だった彼らは、精神的に生きづらさを持つ「似た者同士」でつながって、ゆるやかなグループを形成している。

その結果として、新宿・歌舞伎町のシネシティだとか大阪・道頓堀のグリ下などで仲間が集まる場ができたり、「オーバードーズの会」などでつながったりして普通なら手に入らない薬物を交換したり、一緒にオーバードーズしたりする場ができたり、時には一緒に自殺したりする「一種のメンヘラ文化」を形成するようになっているのだった。

オーバードーズは「個人的な心の闇」なのだが、彼らがつながって可視化されるようになったことによって、日本の社会の底辺《ボトム》で奇妙な世界が生み出されているというのは興味深い現象でもある。病んだ時代に、病んだ文化が増殖している。この流れは抑えても抑えても止まらないのだろう。

† 病みを抱えた「地雷系」の女の子

新宿・歌舞伎町のシネシティ広場で漂流するように生きている若者の多くは機能不全の家庭に育っていて、親や学校から逃げるようにして歌舞伎町に集まってきている。そして、皆で金を出し合ったりして、安いホテルに寝泊まりしたりしている。彼らの少なからずは市販薬などでオーバードーズしている。

彼らは機能不全の家庭や、居場所のない学校や、閉塞的な社会の中で息が詰まっており、生きる希望の「すべて」を投げている。そして、現実から逃げ出したいという気持ちを抱えながら鬱々《うつうつ》としながら暮らしている。

しかし、彼らはネット世代である。自分と同じ気持ちや境遇の同世代の仲間をSNSをさまよいながら探す能力を持っており、だからトー横界隈の「仲間」を見つけたり、落ちこぼれた同世代同士のグループを見つけたりする。そして、彼らは急激に「界隈」の文化に染まっていく。

たとえば、彼らのグループはファッションもよく似ている。女性は学生服なのかメイド服なのかよく分からないが、そういうものが進化したような、黒を基調としたダークさを取り入れたファッションをしている。取材の中で「はっくん」と名乗る二十歳のハンサムなユーチューバーと知り合ったのだが、彼は「そういうのを、地雷系ファッションと呼ぶんです」と私に教えてくれた。

性格に病み《メンヘラ》を抱えていて、すぐに落ち込んだり自虐したり自傷したりして付き合うとたいへんなことになるので「地雷」なのだ。それが定着して、あえてメンヘラを全面に押し出したファッションが広がるようになって「地雷系」として広がった。髪はツインテールにしていて、化粧は目袋を異様なまでに強調したものが多い。だいたい、オレンジ色のアイシャドーをして、大きなピンク色のマスクで顔の下半分を完全に隠してしまう。

「同じ格好をすることで仲間意識が高まるんだと思います。あと、他にも量産系と呼ばれるファッションの子もいます」

はっくんはそのように言う。

「量産系?」

「あれです。お姫様みたいな格好をした子」

彼が指さしたのは、大きなスーツケースの上に座って他の仲間と談笑しているひとりの少女だった。その少女は、言われてみれば黒でまとめた他の女性とは違って白でまとめられていて、印象的にはアニメに出てくるようなフリルのついたふんわりしたスカートをはいた「お姫様」風のファッションだった。

「あの格好を量産系ってみんな言ってますね」

彼女たちはファッションに流行で最新のものを取り入れるので、結果的に「みんな同じ」になってしまう。だから「量産系」と呼ぶようになったという。十代の女の子たちの間ではそういう言い方が定着しており、ファッション雑誌も「量産系」と説明していたりする。

「でも、界隈はだいたい地雷系です」

はっくんはそう教えてくれた。

後日、風俗やドラッグなどの世界に身を置いたことのあるファッションに詳しい女性に、このトー横界隈にいる「地雷系」の女の子たちの写真を見せて「どう思いますか?」と聞いたとき、彼女が注目したのは彼女たちが持っているバッグだった。

そのバッグはなにかのキャラクターの顔が大きくデコレーションされていたのだが、彼女はそれを指さして私に「このキャラクターってなんだか知っていますか？」と私に尋ねた。そのキャラクターは黒い頭巾のようなものをかぶって額のところに頭蓋骨のマークが付いているものだった。私が「知りません。なんですか？」と答えると、彼女はうなずいて私に説明してくれた。

「これはサンリオのキャラクターのひとつで〝クロミ〟というものなんです。このトー横の子だけじゃなくて、病んでる子ってみんなこのキャラクターに反応するのね、なぜか。彼女たちがクロミのバッグを持っているのを見て、なるほどねと思いました」

彼女はそう言うのだった。

「そうだったのか。これも〝病み〟のひとつの主張だったのか……」

彼女たちのバッグを私はじっと見た。

そうしたファッションもあるのだが、問題はトー横界隈の十代の文化《カルチャー》の方だ。彼らのカルチャーはまぎれもなく〝病み《メンヘラ》〟である。それを象徴するのがオーバードーズとリストカットなのだった。この日、はっくんが私に紹介してくれた「地雷系」の服装をした少女もオーバードーズとリストカットをしている少女だった。彼女は青梅に親と一緒に暮らしているのだが、土日だけ歌舞伎町にきて同じ仲間たちと会っているのだと私に言った。年齢は十七歳だった。

「学校は行っていないの？」

「行ってないです。高二から行ってないです。中学校の頃から学校の友達関係でいろいろあって、一時期不登校になったりして、それで高校二年になった瞬間、もうムリになって。それで学校を辞めました」

　彼女はそのように言った。

　彼女の左腕を見ると、手の甲に直径一センチほどの円形の火傷痕が無数に盛り上がって固くなっているのが見えた。その数は数個どころではない。二十箇所ほどあった。

「これは？」

「根性焼きとか知っていますか？」

　私はうなずいた。私の知り合いに、傷害で一年ほど懲役に行った男がいるのだが、彼は上腕二頭筋に四つの根性焼きを入れている。規則正しく正方形の四隅を構成するような根性焼きで、ある意味タトゥーのように模様を意識したものであった。

　しかし、彼女の根性焼きは違った。目立つ手の甲に、まるで自分を拷問するかのようになにも考えないでひたすらいじめ抜いたようなものだったのだ。それは間違いなく〝病み〟を体現したものでもあった。

「これはいつ頃からしてるの？」

「根性焼きは最近ですね……」

そして、彼女は次に左腕の裏側を見せてくれた。

前腕にはリストカットの痕《あと》がびっしりとあった。長さ五センチほどの鋭利なカッターで前腕の皮膚を横に切り裂いた傷痕が手首から肘までの前腕の裏側に無数に付けられていたのだ。ひとつひとつは浅かったが、その傷痕の数が尋常ではなかった。数えてみると、二十四箇所もあったのだ。手の甲には根性焼き痕。前腕の裏側にはリストカット痕。十七歳の少女の皮膚が傷でまみれていた。しかも、この傷痕はまだ生々しいことに気づいた。

「これは最近やった痕ですか？」

「今日の朝ですね……」

彼女はことなげに言った。

彼女の腕を良く見ると、生々しい傷とは別に過去のリストカットの傷が癒えて残っている痕もあった。聞くと、最近はあまりリストカットはしていないが、昔はかなりしていたと答えてくれた。

「中一からやってて、ここ最近はやっていなかった。リストカットを一番やってたのは中二から高一あたりです。気分が落ち込んでたりとか、自分で感情を抑えられない時とか、そういう時とかにやってます」

彼女はそう言った。

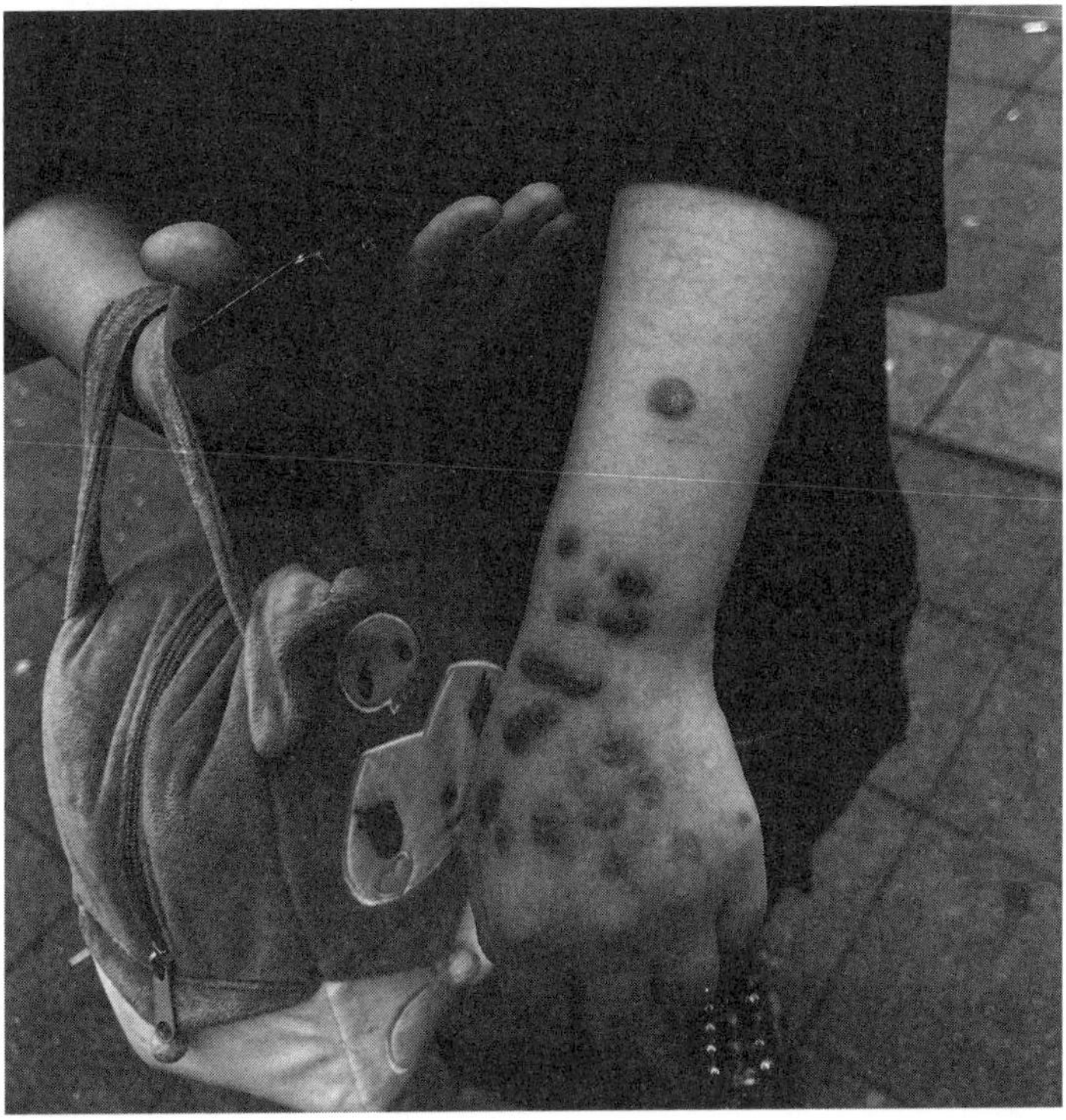

トー横界隈にいる17歳の根性焼き。目立つ手の甲に、まるで自分を拷問するかのように、ひたすらいじめ抜いたようなものだった。彼女の根性焼きはこのあとも増えているようだ。

その後、私は気になることを彼女に聞いてみた。このトー横界隈を象徴する危険な「病み文化」の象徴のことだ。

「オーバードーズとかもやっていますか？」

「やってます」

「はい。メジコンとか。あと処方されている睡眠薬のサイレースとか」

「処方薬ということは、病院に行って眠れないとか行ってもらってくるの？」

「自分は病院行ってないんですけど、友達が行ってたりとかしてて、それをもらったりしてます」

「ここで売買されてる？」

「売買とかじゃなくて、分けてもらってます。自分は普通に仲の良い子と一緒にホテル泊まったりとかして、その子と一緒にやるって感じです」

「メジコンは市販薬だから売ってると思うけど、それは自分で買ってやってる？」

「そうです」

彼女はうなずいた。

「一回でどれくらい飲んでるんですか？」

「自分は六シートですかね」

「六シート？」

「はい。六十錠です」

「それをいっぺんに？」

「そうです」

「そしたらどんな感じになるんですか？」

「楽しくなったりとか、けっこうしますね」

「吐いたりします？」

「吐くこともありますね」

吐くというのは苦しいことであるはずだが、それでも彼女は飲んで気持ち良くなる方がいいと私に言った。彼女の場合、いつも最初は二十錠ずつ飲んで、そこから追加でどんどん足していく飲み方をするのだと私に説明した。

「最初から六シート分一気に飲むってことが自分できなくて、何回かに分けて飲んでて、それで六シート飲んでも効かなかったら追加で何錠か飲むって感じです」

それを聞いて私はまじまじと彼女を見つめてしまった。

「六十錠も飲んで効かないということってある？」

「ありますね、たまに。耐性がついちゃうので」

彼女の場合は、ちょうど一年ほどオーバードーズするようになってきているのだが、それですでに耐性がついて六十錠でも効かなくなってしまっているのだという。頻度はだいたい週に二日か三日なのだが、多い時は週に四回、五回やる時もあると言った。

家でひとりでやることもあるのだが、危ないかもしれないので毎回ホテルを取って友だちと一緒にやることが多いと彼女は言う。その友達というのは、もちろんトー横界隈の友達である。

トー横と言えばブロンの一気飲みも流行っているのだが、彼女自身はブロンを一瓶飲んでも効かなかったという。ブロンも飲んだら誰でも効くわけではなく、体質によって合う合わないというのがあるようだ。彼女はメジコンが合うと私に言った。

彼女の話を聞きながら、トー横界隈を覆い尽くしている病み文化は、想像以上に「強度が高い」と思わずにいられなかった。週に何度もオーバードーズするのが日常であるというのだから、これは尋常な話ではない。しかも、オーバードーズしているのは彼女だけではないのだ。トー横界隈に集まる十代の多くがオーバードーズしている。

彼女の話を聞いた後、ユーチューバー「はっくん」と改めて話をしたのだが、彼は「僕らは彼らが集まる場所のことを界隈って言ってるんですけど、界隈はトー横だけじゃないです」と私に言った。

「東京にトー横界隈があるように、横浜にはビブ横界隈があって、大阪にはグリ下界隈があって、名古屋にはドン横広場があって、九州の福岡には警固《けご》界隈というのがあって、あちこちに界隈ができてます」

病みの文化（メンヘラ・カルチャー）が日本中に広がって、若者たちがオーバードーズしているのだった。オーバードーズの先にあるのは、もちろん深刻な後遺症と死なのだが、彼らはまったく恐れていないように見えた。「死の恐怖に対する希薄さ」がオーバードーズの根底にあるからだ。

†　寝てる間に死ねばいいのに、私……

私が二〇二三年六月の終わりに知り合った埼玉在住の女性も、のめり込むほどのオーバードーズを繰り返していた。彼女は自分で「限界風俗嬢」と自嘲していたが、会ってみると典型的な地雷系ファッションに身を包んで歌舞伎町のホストを追いかけ、あらゆる薬を飲み、かなり危険なオーバードーズをしている二十代前半の女性であった。

「オーバードーズするときはＤＸＭを使いますね」

彼女はそのように言った。

ＤＸＭというのは「デキストロメトルファン」のことなのだが、この薬物の製品名が「メジコン」だった。ＤＸＭ＝メジコンである。彼女はなぜか「メジコン」という言い方が好きではないらしく「ＤＸＭ」という言い方をした。

トー横界隈で根性焼きとリストカットをした痕を前腕に付けた十七歳の女の子も、この限界風俗嬢と自嘲する彼女も「オーバードーズすると気持ちがいい」と私に言うのだが、ふと私はそれがどういう種類の「気持ちの良さ」なのか気になった。

気持ちの良さを生み出すＤＸＭ、つまりデキストロメトルファン臭化水素酸塩水和物とはどういうものだったのか。

調べてみると、その化学構造は「モルヒネ」とかなり近いところにあるものだった。モルヒネと言えば強力な麻酔薬として末期癌の人たちに使われているのだが、その原材料はなにかというと「ケシ」である。ということは、ＤＸＭのオーバードーズは擬似的にモルヒネを取るのと同じ作用になるということでもある。

このモルヒネをもっと純化させたものは「ヘロイン」と呼ぶ。ＤＸＭのオーバードーズは疑似モルヒネであり、それは乱暴な括りで言えばヘロイン系に連なるものであるという見方もできる。化学構造が近いというだけで厳密に「同じ」とは言えないが、そういう系統であるというのは参考になる。

では、このＤＸＭをオーバードーズするとどうなるのか。

ダウン系の酩酊が始まる。

この酩酊を、トー横界隈の彼らの言葉では「パキる」と呼ぶ。脳内でセロトニンというホルモンが大量に分泌されるようになるのだが、このセロトニンというホルモンは別名「幸せホルモン」と言われるものである。セロトニンが大量に分泌されると、怒りや不安や焦燥感や悲しみなどの感情が静かに消えていく。緊張もなくなり、ストレスもなくなり、精神が驚くほど安定して多幸感を味わうことができるようになる。すなわち、ＤＸＭをオーバードーズすると気持ちが和らいで幸せでいっぱいになっていく。

　これが「ダウン系のトリップ」である。

　自分を限界風俗嬢と自嘲する彼女はこのように言っている。

「私の場合は、パキると時間が消える感じがする。意識はぼんやりして気持ちいい。意識がなくなることはない。ちゃんと分かってるよ。でも、自分が自分じゃない感じでぼーっとするような気持ちというかな。ぼーっとしているうちに何時間も経ってる。そのぼーっとしているのがすごく気持ち良くて、ぼーっとしている間にいろんなことを考えるんだけど、どれも夢みたいにふわっとしてその感覚が好き。ぼーっとしている自分を別の自分が見ている感じもある」

　機能不全の家庭。規則で縛りつける社会。うまくいかない現実。居場所のない世界……。こうした日常生活の中で感じる地獄のような責め苦で極度のストレスを感じている彼女に欠如しているのは幸せや安定である。それは、市販薬であるメジコンをオーバードーズすることで手に入ったのである。

ただし、ＤＸＭには欠点が二つある。

一つは吐き気だ。「体調によってはひどい吐き気がする」と彼女は言う。それでトイレに行って吐こうとするのだが、立ち上がると「急に縛られたような感覚」なってうまく歩けない。それで、ベッドから転がり落ちて骨を折るとか、手や足や顔を激しく打って打撲傷になるとか、そういうことになることもある。

あと、うまく吐ければいいのだが、もし吐いた内容物が喉に詰まってしまうと、そのまま窒息死してしまう危険もある。それを聞いて私は二十七歳で急逝したアメリカの伝説の女性ロックシンガー、ジャニス・ジョプリンを思い出した。ジャニスはヘロイン中毒だったのだが、ある日ロサンゼルスのホテルでヘロインをオーバードーズして、吐いた内容物が喉に詰まって窒息死したのだった。

ＤＸＭも同じく吐き気に苦しむのは、歌舞伎町で会った十七歳の女性も述べていた。

ＤＸＭのもう一つの欠点は、耐性がついて効かなくなるという点である。これもまたヘロインやモルヒネとそっくりだ。耐性がついて、これまでと同じ量だとまったく効かなくなっていく。そのため、オーバードーズするために飲む量がどんどん増えていく。最初は十錠だったのが二十錠に。二十錠だったのが三十錠に。そして四十錠に。それでも足りずに五十錠、六十錠と増えていく。

「二十錠飲んで効かない。だから〝追い焚き〟する」

「追い焚き？」

「うん。追加でまた十錠とか二十錠とか飲む。それ、追い焚きって言うんだけど、やっちゃいけないいって言われてるけど効かないとやるしかないじゃん？」

　耐性が付いて効かなくなるので、どんどん量を増やす。そういうことをオーバードーズの中では起こっているのである。

　その先には、なにがあるのだろう。

いつしか人間の肝臓が耐えられる限界値を突破してしまうはずだ。どこかの時点で、肝臓が破壊されて治らなくなる。全身倦怠感、食欲不振、悪心、嘔吐、黄疸が現れるようになり、ひどい時は重症肝炎になって死に至る。

　苦しみながら、死ぬ。


　彼女が常用しているのはＤＸＭ（メジコン）だけではなかった。オーバードーズで身体がボロボロになって執拗な不眠症や不安症や強度のストレスがあるので、睡眠剤と抗うつ剤と抗不安薬を次々と飲んでいた。

　睡眠剤では、エチゾラム、トリアゾラム、クアゼパム、サイレース。抗うつ剤では、テシプール、アナフラニール、イフェクサー。抗不安薬では、アルプラゾラム、ブロマゼパム、アリピプラゾール、リボトリール、レボトミン……。

　もはや薬漬けであると言っても過言ではない。まるで薬を主食にして生きているかのような状況だ。どうしてこうなってしまうのかというと、ＤＸＭでトリップし続けていると常に倦怠感が抜けず、苛立ちが湧き上がり、強度の不安に襲われたりして、「精神がやられてしまうから」というのである。

「急に汗がどっと出てきて止まらなくなったり、なんでもないときに、ぞわっと鳥肌が立ったりすることもある」

　彼女はそのように言った。

「オーバードーズはやめるつもりはない？」

「やめたいな、と思うことはある。あるけど……ムリ」

たしかにムリかもしれない。彼女の場合はオーバードーズから抜けても、睡眠薬、抗うつ剤、抗不安薬にも依存しているわけで、言ってみれば複合的な薬物依存である。すべてから脱するのはかなり難しいのではないか。

「死にたくなる。寝てる間に死ねばいいのに私、って思う」

　彼女はそのようにつぶやいた。

　生きることそのものが苦痛であるかのようだった。

†「大きな宇宙めがけて飛び込んだ」

死に惹かれる。
オーバードーズする。
リストカットする。
SNSで苦痛を共有する。
飛び降りて死ぬ……。

これらのすべての要素を含んでいた事件が、二〇二三年四月十三日にあった。この日の午前四時前、千葉県松戸市松戸の十階建てマンションの敷地内の駐車場で、十七歳の少女ふたりが倒れているのが発見された。自殺だった。ひとりは即死、もうひとりは虫の息だったが搬送先の病院で死亡が確認された。

このふたりが地面に叩きつけられるバーンという衝撃音を地域住民は聞いている。このマンションの最上階の十階にはふたりの靴と携帯電話、そして学校の制服の上着が置いてあった。遺書はなかったが、記録が残っていた。彼女たちは、死亡する前の様子を自ら動画で配信していたのである。

ひとりは松戸市内に住居があり、もうひとりは新潟県に住居があった。なぜ、住んでいるエリアが違う彼女たちが一緒にいたのか。あるゲームのコスプレ配信をしている男がいるのだが、ふたりは共に関係を持っていた。それが分かって、それを話し合うために会っていたのだという。

この男は、彼女たちが未成年であることを知っていて性的関係を持っていた。さらに他の女性とも関係があると考えたふたりは、そこから一気に「一緒に死ぬ」という結論に達して、それが自殺配信となって記録に残ったのだった。

動画を見ると、セーラー服らしい服を着たこのふたりが柵の上で手を繋いで立っているのが見える。彼女たちはこのような会話をしている。

「せー……」

「待って。せーの、で行く？」

「うん。せーの」

そして、ふたりは後ろ向きで飛び降りて、しばらくしてバーンという衝撃音が聞こえるところで配信は終わっている。このふたりの少女はいずれもＳＮＳのアカウントを保有していたのだが、そのうちの新潟に暮らしていた片方の少女は自分のことを「無能」と名乗って「来世に期待」とプロフィールに書いている。

要するに現世には、なにも期待していなかったということでもある。どれくらい現世に期待していなかったのか。それは、彼女のツイートを追ってみれば分かる。三月十四日はこのようにツイートしている。

「死んだらなにも考えなくて済むのになあ」

「あああああああしにたい」

「しにたいいいいいいあああああ」

　三月二十七日はこのようにツイートしている。

「死にたい死にたい死にたい死にたい死にたい死にたい死にたい死にたい死にたい死にたい死にたい死にたい死にたい死にたい死にたい」

「一時的に楽しくて幸せだと現実戻ってきた時の反動やばくて飛び降りそうになる」

　三月二十八日はこのようにツイートしている。

「あぁああああああああああああ死にたい」

　三月三十一日は「なんかもう疲れた飛び降りようかな」とツイートしている。四月一日はこうだ。

「吐きそう吐きそう吐きそう吐きそう吐きそうはきそう」

「しにたい」

「ガチ　死にたい」

「ｏｄ（注：オーバードーズ）しようと思ったけど薬代ないし家帰ったらお高い酒あるからまた今度にしゅよ！推しのせいで食欲ガチない」

　そして四月五日には、このようなツイートをしている。


「死にたい」


　要するに彼女は生きながらすでに心は死んでいた。死に惹かれ、死ぬことしか考えておらず、死が生きる目的のようになっていた。

　そして、彼女はずっとひとつの薬を「欲しい」「しんどいつまんないオーバードーズしたい」と言う要旨のことを書き続けている。その薬とはやはりメジコンだった。

「またもやメジコンか……」

　私は嘆息するしかなかった。本当に乱用されまくっている。

　トー横界隈でもブロンと共にメジコンによるオーバードーズが主流となっている。彼女もまたそれを好んで常習し、オーバードーズしていたのだった。彼らはこれを二十錠一気飲みしたりする。

「死にたい」という気持ちがオーバードーズに駆り立て、オーバードーズによる体調不良の継続がまた「死にたい」という気持ちを煽り立てていく。感情も体調も不安定になったまま生きることに対するストレスだけが高じていく。

こうした少女と密接にリンクしているのがリストカットである。延々と「死にたい」ツイートをしていた新潟の少女と一緒に自殺した松戸の少女の方は、いくつか自分の写真を上げていたのだが、その中の一枚には左手が写ったものがあった。

その左手はリストカットまみれになっていた。彼女もまた「死にたい」という願望を隠し持っていたということでもある。

恐らく、昔からこのように「死にたい」と漠然と思いながら生きている若者は一部に存在していたのだろう。現在はそれがＳＮＳで可視化されて、「死」をも共有されるようになっている。彼女たちも「このまま生きていても希望はない」という社会の空気感をも本能で感じていたのだろうか。そして、生きながらにして死んでいたのだろうか。

「まさにゾンビ化だ……」

そう思うと、急に絶望的な気持ちになった。

自分のことを「限界風俗嬢」と自嘲する埼玉の女性に、この事件のことを知っているかどうか聞いたら「知っている」と彼女は答えた。

「たぶん、大きな宇宙めがけて飛び込んだと思う」

彼女はそんな奇妙なことを言い出した。

「大きな宇宙？」

「知らないんですか？」

私が戸惑っていると、彼女は「そういう歌がある」と言う。

上野大樹という若手のシンガーが歌う『ラブソング』という歌だと彼女は説明した。まったく知らない歌だったので、私は時間がある時にユーチューブでその歌を探し出して聞いたのだが、それを聞いて衝撃が止まらなかった。

切なく歌い上げるその歌詞は自殺した「あの子」のことを想《おも》って歌うものだったが、そこには「電車に飛び込んでこの世を去ってしまった女の子」や、「ベランダから飛び降りてあの世に行ってしまった女の子」が登場していたのだった。

死んでしまった「あの子」が死ぬことを、この美しい歌では「大きな宇宙めがけて飛び込んだ」と詩的に表現していた。死を美しい言葉でくるんで、とてもロマンチックな世界観を作り出していた。個人的な感想でしかないが、この歌は〝死〟の生々しさやグロテスクさや残酷さを、とても美しい世界観で覆い隠していて、図らずも〝死〟そのものが美化されているようにも感じた。歌詞の作り手はそのような意図はなかったにしても、この歌もまた死の恐怖がとても希薄だった。

「時代」がそれを生み出しているとしか言いようがない。

この歌を聞きながら、私はずっと相鉄線の瀬谷駅で飛び込んだ女の子や、トー横界隈で飛び降りた少年少女や、ふたりで手をつないでベランダから飛び降りた女の子たちのことを考えていた。

彼女たちがこの歌を聞いていたのかどうかはわからないが、そうであれば、死の恐怖の希薄な時代の空気感を「歌」が汲み取り、その歌がまた死の恐怖を拭い去るようなことになっているのかもしれない。オーバードーズやリストカットに生きる病み界隈の女性のひとりは、このような歌を「病み歌」と呼ぶと言った。

「他にも〝あいみょん〟の『生きていたんだよな』も病み歌ですね」

病み界隈の女性は教えてくれた。すぐに聞いてみると、この歌も飛び降り自殺して死んでしまった女の子をテーマにしていた。「今ある命を精一杯生きなさいなんて、きれいごとだな」という一節もあった。鳥になるとか風になるという言い回しもある。やはり、美しい比喩だ。

「死の恐怖に対する希薄さ」がここにも起きているようにも見えた。

彼らは「死」の願望が心の奥底にあって、生に対する執着が希薄なので、死ぬのであればそれはそれでいいと思っている。死ぬことや傷つくことは彼らにとっては望むところなのである。

第四章　日本女性はなぜこんなことに？

† 日本女性の環境はどんどんハードモードに

トー横界隈をうろついている中で知り合ったユーチューバー「はっくん」に、女の子たちにまとわりついている地雷系の男版のような十代の男の子たちはどうやって金を手に入れているのかを聞いたことがある。彼はこのように答えた。

「彼らは女の子にリアコを仕掛けることもあります」

「リアコ？」

「リアルの恋、これがリア恋になって、リアコと界隈では呼ばれてます。男の子は女の子にリアコを仕掛けて、自分を養ってくれるように女の子に働きかけるんです。それで女の子はパパ活をしたり、立ちんぼしたりします。そうやって稼いだ金を貢がせます」

トー横界隈に未成年がシネシティ広場に集まって酒を飲んだりオーバードーズしたりする姿は社会の荒廃として捉えられるようになっているのだが、ここからさらに北側に入ったところにある大久保公園には、もうひとつ別の荒廃が生まれていた。

若い女性が何人もここでストリート売春をするようになっていたのである。真夜中に歓楽街でたむろする若者に、路上でストリート売春する若い女性たち。まるで途上国の光景のようだが、それは日本の裏側でじわじわと広がっている現象だった。

ハイジアと呼ばれる広場、あるいは大久保公園の周囲には、そうした女性たちが間隔を置いて立っていたり、あるいは階段にぼんやりと座っていたりする。夜もそうなのだが、昼間からそうした女性が客を待っているのが驚きだ。

ほとんどの女性は一心不乱にスマートフォンを見つめて、通りすがる男には見向きもしない。もともと日本人女性は、中国女性と違って積極的に声をかけるスタイルではないこともあるのだが、このあたりはしばしば警察官が巡回したり、私服警官がおとり捜査をやっていたりするので女性たちも警戒している。

そのため、彼女たちは自分側から声をかけないようにしている。そうやって「売春しているわけじゃない、勝手に声をかけられている」という言い訳ができるように装っているのである。しかし、ラブホテル街で若い女性がじっと身動きせずに、しかも自分が男たちにじろじろ見られているのを承知でずっと立ち続けるというのは、どう言い訳してもストリート売春をしているという証拠だ。

どの女性もマスクをして顔を隠しているが、目元でも二十代前半くらいであるのは分かる。何人かを見ていたが、そのうちのひとりと一瞬だけ目があったので「いくらなの？」とストレートに聞いてみると、彼女は無言で指を二本立てた。

「二万円？」と尋ねるとうなずく。

「ディスカウントはできますけど、イチゴ（一万五千円）が限界。ホテル代は別。ナマ中（コンドームなしで膣内射精）でもいいです」

彼女はそのようなことも説明する。

マスクをした顔やコートを着た服装ではあまりよく分からないが、やや太めの女性だった。よく立っている女性を見たら、彼女と同じくやや太った女性も多いことに気づく。彼女は私を見ることはなく、ただスマートフォンの画面を見つめてなにか言うわけでもなく、心理的な壁を作りながら男と対峙していた。

そんな荒れた歌舞伎町で、風俗業界もコロナ禍を潜り抜けて隆盛を取り戻しており、どこの店も多くの女性が次々と新人として業界で働くようになっている。その風俗業界の中でもっとも大きく女性を集めているのがデリヘルだ。

二十代の女性たちが次々と風俗に入り込んでいるのだが、動向を見ていると今や三十代や四十代の女性でさえも大勢流れ込んできているのが興味深い。日本は風俗も日本人の高齢化を反映していて、三十代の女性が風俗のボリュームゾーンになろうとしているのである。これは、どこの国のセックス産業でも珍しい動きではないのだが、日本でもその傾向が非常に高まっている。

二〇二三年三月八日、とある大手新聞は『官が生み出すワーキングプアの苦境』として「非正規公務員の四分の三は女性」と記事を出していた。公務員に限らないで言えば、いまや日本の働く女性の半数は非正規雇用なのだが、非正規の女性は三十代を超えると途端に仕事が見つけにくくなる傾向がある。

年齢制限されていなくても、若い女性から仕事が決まっていくので、年齢が上になればなるほど仕事が回ってこない。企業は年齢で決めているわけではないと言うのだが、若い女性ほど有利になっているのは就活する女性たちはみんな知っている。婚活と就活は違うはずなのだが、就活でも女性は若さが重視される。

職歴《キャリア》よりも年齢の若さが重視されるのは、採用側に下心があるというよりも、若い女性の方が安く使えるという目論見があるからだ。

その結果、三十代の女性は仕事が見つかりにくい上に賃金も上がらないので、生活はどんどん苦しくなってしまう。先の展望も見つからない。結婚しようにも、三十代になれば相手を探すのが厳しくなってしまうし、相手が見つからなければ婚活からも足が遠のく。

こうした表社会の女性たちが生活にも将来にも閉塞感を抱えてしまうと、「それならば稼げるだけ稼げる仕事に就こう」と考えて風俗に向かうのもムリもない。

かくして、二十代の女性よりも、三十代の女性こそがむしろ風俗に活路を見出すような社会になってしまった。

二〇二三年九月。元総務官僚で政策コンサルタントの仕事をしている室伏謙一氏に、日本社会の底辺の荒廃がどれほど深いものになってしまっているのかを知ってもらいたいと思って、歌舞伎町の裏側を案内した。トー横界隈、ホームレス、大久保公園に立っている女性たちを見てもらい、ここではリストカットやオーバードーズがもはや日常化してしまっている現状を説明した。

　未成年の女の子が歓楽街に無防備に立っている姿、オーバードーズしている女性、得体の知れないホームレスがゴミに唾を吐いている光景、トー横キッズが自殺した現場、ネットカフェ難民の女性が子供を捨てたコインロッカー、男に「リアコ」を仕掛けられて搾取されている女性がストリートに立って男を待っている姿、デリヘルの仕事のためにホテルに急ぐ女性……。この日もそんな生々しい光景が垣間見えた。

「もう、この世のものとも思えないと言うか、ここが日本だということが信じられないような状況です。トー横界隈だけでなく、そこから先に入れば入るほど、本当に普通に日本に生活しているとまったく想像することも体験することもないような世界になってしまってる……」

　室伏謙一氏はこのように述べた。

　そうなのだ。もう日本の底辺は普通の日本人が想像している以上に悪化してしまっているのだった。ところが政権を担っている政治家・官僚・財界人はまったくそこに気づいていない。

　薄々と気づいたとしても、まるで他人事のようにやり過ごしている。自分たちの政策の失敗がこの荒んだ底辺を生み出しているのに、まるで他人事のように見て見ぬフリをしている。

「結局、結論から言えば、これは経済政策の失敗であり、それから教育政策の失敗、総じて言えば、日本政府のこの三十年間の政策の失敗の結果ですよ。ここはその一番最悪の部分が、そこにギュッと抽出されてしまってるような、そんな状況になってますよね。しかも、未成年の子たちが搾取の対象になり、ある者はその搾取の手先になっている。日本人同士がお互いに騙し合う状況もある。同胞意識も、仲間意識も、共同体意識も何もなくなってしまってる」

室伏氏はそう言った。

そして、このように結んだ。

「本当に日本の〝最悪の状況の縮図〟というものが、トー横とかその周辺にあるのかなというふうに思いますね」

† 歯のない女性でさえ風俗嬢になる世界

貧困が広がる日本では、いくつもの荒んだ風俗の世界がある。激安風俗店、俗に「地雷店」と呼ばれる風俗店である。そこには容姿的には風俗嬢として働くのはムリなのではないかと思われるような女性も風俗の現場にいるのだ。

彼女たちは長らく無職であったり、生活保護を受けた状態だったり、掃除婦だったりするのだが、要するに経済的に社会のどん底にいて、生活費が絶望的に足りない状態で生きている。それで少しでもカネを得るために風俗の世界に向かうのだ。しかし、容姿が壮絶的に崩れた彼女たちを普通の風俗店は雇わない。雇うのは「地雷店」と呼ばれる風俗店だけである。そこで彼女たちは、数千円で性サービスをするのである。

ある風俗嬢は「これからはキレイな子はもっとキレイになって、ダメな子はもっとひどくなっていく」と私に断言した。

「キレイになるためには、お金かかるのよ。お金なかったら、美人でもブサイクになるから。整形美人でもお金なくなったらアウトです。メンテもできなくなるし」

彼女の言うことには一理あると私も思った。

美しくなるためには、たしかに経済的な余裕が必要だからだ。美しくなるために、女性は身体をケアしなければならないし、良い化粧品を買う必要もある。あるいは、新品でパリッとした洋服も必要になってくるだろう。経済的な余裕がなくなると、そのすべてが失われる。身体をケアすることもできなくなり、化粧品も質が落ち、場合によっては、まったく何もしなくなっていく。そして洋服も着古したものばかりとなる。

「いや、元が良ければ化粧しなくてもボロを着ていても美しいのではないか？」と思う人もいるかもしれない。しかし、元が良くても貧困が長くなればなるほど「元」の良さも崩壊していく可能性が高い。

経済的に追い込まれた女性は食事の質を落とす。もともと所得が低い人たちは不健康な食事が習慣化しているというのは厚生労働省のデータでも知られている。野菜摂取量が少ないし、果物摂取量も少ないし、たんぱく質（肉類・乳類）も取らなくなっていく。インスタントラーメンや菓子パンなどの高カロリー食品で安く食欲を満たすのが習慣化し、しかも食事量が減ってしまったりする。そして健康を害していくのである。

こうした不健康な食生活に頼っていると、筋肉が落ちて脂肪が増えるタイプの肥満となっていき、容姿も大きく崩れてしまいやすい。ある風俗嬢が言うように、どれだけ元が良くても気をつけていないと容姿などすぐに「崩壊」する。

ネットカフェで寝泊まりするしかない女性や、地雷店と呼ばれている激安風俗店に所属する女性や、生活保護でかろうじて生きている女性たちは、そのような理由で容姿が壊れてしまった女性も多い。

厚生労働省の『国民健康・栄養調査の結果の概要』で平成三十年度版は「所得と健康習慣の関係」を考察しているのだが、年間所得二〇〇万円未満の低所得にあえいでいる女性には、食生活の悪化と合わせて、あるひとつの特徴的な類似点が見られたと報告している。

歯の本数が二十歯未満の割合が高い……。

実は、私が多くの途上国の人たちを見てきて思うことなのだが、貧困層の成人の歯は見るからにボロボロで、若くして歯が抜け落ちてしまっていることが多い。残った歯も虫歯が進行していて黒くなっていたりする。十代の少年少女はスラムの子供たちでも素晴らしくきれいな歯をしているのだが、二十代にもなるとボロボロになる人たちが増えて悲惨な様相と化している。女性もそうなのだ。美しく見える女性も、笑うと歯が欠け、抜け、黒ずみ、ガタガタになって驚くこともある。

甘い物を食べてそうなっているわけではない。医療が発達していないからではない。彼女たちは「歯を治す経済的余裕がない」のである。歯は、顔の中で貧困の度合いをもっとも良く表す経済的な部位のように思う。「その人が貧困かどうかは歯を見れば分かる」とは、よく言われる。

これは、途上国だけの話だろうか。いや、そうではない。私は職業柄、貧困の女性とばかり会っているので分かるのだが、日本でも貧困女性の歯は悲惨なことになっている。地雷店で働く女性たちは、しばしば「歯がない」のだが、それは歯に問題が発生しても医者にかかる余裕がないからでもある。

地雷風俗店の中には「歯がない」ことを売りにする女性すらもいるのだ。私も実際にその女性と会ったことがあるのだが、彼女は歯がないことで有名になったので「義歯はもう使わなくなった」と言った。歯がないのが売りになるのだから、すごい世界である。私の知り合いの女性もこの地雷店に面接に行こうと電話したら「歯はありますか？」と聞かれて仰天したというのも聞いた。

経済格差は健康格差をもたらす。経済的に不利な状況にある女性であればあるほど健康にも不利なのだ。経済的に困窮している人が就ける仕事は、ほとんどが肉体を酷使する仕事だ。身体の具合が悪くても仕事は休めない。生活のためにムリするしかない。ムリすれば健康を害しやすく、悪化させやすくなる。

最近は肉体労働の現場にも女性の姿がよく見られるようになった。よくよく考えてみればセックス産業も肉体労働である。貧困女性ほど体力がなくなるのに、見つかる仕事は体力仕事になるという皮肉がここにある。

病気になっても貧困であれば医師にもかかれない。市販の薬も買えない。薬どころか、栄養が行き届いた食事をすることもままならない。まともに食べられないのに仕事がキッいのだから、体力は極度に衰えていく。

こうしたことが健康の格差につながり、そして最後には寿命の格差にもつながっていく。がんでの死亡リスクも、不眠の割合も、鬱病も、所得が低いほど高い。病気と所得は関連している。

貧困の女性の多くは貯金がない。仮にいくばくかの貯金があったとしても、たちまち追い込まれてしまう。なんとか百万円程度の貯金があったとしても、そんなものは失業したら半年以内に消えてしまうだろう。シングルマザーの非正規雇用であれば、なおさら修羅場だ。日本社会では「ひとり親世帯」の相対貧困率は五十四・六％である。

「生活保護を受ければいい」と言う人もいるが、シングルマザーの誰もが簡単に生活保護を受けられるわけではない。「なぜ、働かないのですか。働けるでしょう？」と言われ、まるで不正をする犯罪者のように追及されることもある。

「自分自身も心身を病んでいるし、手のかかる子供もいる」と話をすると、「子供が育てられないのなら、子供を児童施設に預ければどうですか？」と言われてシングルマザーは仰天してしまう。

自分の命よりも大切な子供、なんとしてでも守りたいと思っている子供さえも取り上げられる……。精神的に弱っている中でそんなことを言われるのは、母親にとってどんなにつらいことなのかは想像するだけで分かる。

「自分を経済的に支援してくれる人もいない」
「夫も消えて養育費も入らない」
「生活保護も受けられない」
「精神的にも肉体的にも追い込まれてしまった」

そんな八方塞がりの中で、社会から完全に孤立無援状態になってしまったとしたら、いったいどうすればいいというのか。水商売や風俗ですらも、心身が不調で苦しんでもがいているような女性を採らない。風俗はボランティア活動ではない。「トラブルが起きる」と思った女性は最初から雇わないのである。

まして、貧困で肉体的にも精神的にもボロボロになって容姿を失ってしまった女性は普通の風俗店は取らないし、仮に地雷風俗店で雇われても三〇分三九〇〇円だとか、九〇分五〇〇〇円だとか、ほぼ捨て値でしかない。それでも、女性は自分を安売りして生きていくしかない。

いかに荒んだ光景が社会の裏側で広がっているのか分かるはずだ。それだけ貧困女性が追い込まれてしまっているというのが分かる。

†「こんな女に誰がした」という恨み節

二〇二二年十月十七日、香港の尖沙咀《チムサーチョイ》で黄掃（売春ビジネスの一斉取り締まり）があった。そこで十六人の女性が逮捕されたのだが、そのうちのひとりが日本人女性だったことが判明して大騒ぎになった。

彼女は「愛沢のあ」「成沢めい」という芸名で活動していた二十七歳のアダルトビデオ女優だった。いよいよ日本人女性も「出稼ぎ売春（migrant sex work）」をするようになったのかと香港ではタブロイド紙の大見出しで報道された。

日本はバブル崩壊以後、急激に国力を落とすようになっている。そんな中、二〇一五年からの爆発的なインバウンドで大量の中国人が日本になだれ込んできて「爆買い」を行っていた。モノだけではない。日本人の風俗嬢もまた中国人によって爆買いされていた。その結果、日本では根絶されていたはずの梅毒が再び二十代の女性を中心として危険なまでに広がっていくという現象もアンダーグラウンドで起こっている。

中国人による日本女性の「爆買い」と「梅毒の蔓延」は多くの日本人を憂慮させたのだが、その先があったのだ。中国人が日本に来て日本女性と関わるのであれば、日本人女性が外国で売春ビジネスに関わるようになるのは当然の経緯だったのである。二十七歳のアダルトビデオ女優が香港で逮捕されたという事件は、そう言った意味では象徴的ではあった。日本女性の出稼ぎ売春は、この後も続いていく。明治時代、貧困地域の女性が「からゆきさん」として東南アジアで売春に従事したように……。

日本に未来がないと思えば、若者が出て行っても不思議ではない。「日本の将来に希望が持てない」のであれば、日本を捨てる選択肢を考える若者も増える。今のように政治の無策が続く日本で「将来に希望を持て」と言っても虚しく響く。まして、高齢層の政治家が硬直した空虚な政治を繰り広げている日本に希望など持てないのは致し方がない。日本は世界から遅れていくばかりであり、今後も経済的な苦境は繰り返し日本にダメージを与える。

景気が悪化すればリストラや一時休業や雇い止めも増えるが、これによって真っ先に苦境に落ちるのは非正規雇用者である。いまや女性の半分は非正規雇用者となっており、若い女性も容赦なく切られて見捨てられていくので、今後も日本女性の困窮は止めることができない。

もう日本女性が海外で出稼ぎに行って逮捕される事件も起きているし、都市部では路上に立ってストリート売春をする姿も現れるようになっている。いよいよ日本女性がストリートで売春をするようになってきたのだ。

驚きだろうか？　いや、そうではないはずだ。貧困は売春ビジネスを活性化させるのは明らかであった。そして貧困がある臨界点を超えると、ストリート売春が登場してくるのも必然だったのである。

　女性の苦境は非正規雇用が一般化した二十年前から始まっている。日本の女性が将来に不安を抱きながら、多くは不安定な就労環境の中で生きている。かつては「女性は結婚して家庭に入る」というモデルケースがあったのだが、ライフスタイルの変化と共にそうした生き方は女性自身が拒絶するようになりつつある。家庭に入ろうにも、彼女たちは同年代の男性もまた経済的に苦しんでいることを知っている。

　彼女たち自身も非正規雇用で使い捨てされるのに、社会も男性も頼りにならない。経済的にも精神的にも堂々巡りに追い込まれて「稼げるなら風俗でも売春でもしよう」という気持ちになる女性が増えても不思議でもなんでもない。

　割り切りさえすれば、日本でもっとも女性が稼げるのは風俗か売春なのである。社会が女性を見捨てているのだから、女性が風俗や売春に関心を持ち、そこに向かって行くのは、資本主義の世界では当然の帰結でもある。

　東京の歌舞伎町ではシネシティで未成年の少女がたむろして、そこから大人たちに食い物にされるようになっていき、やがては売春や風俗の道に入っていく。今後、トー横の少女たちが放置されたままなら、自然とそれが少女たちの一般的な裏世界の入口となって社会に認知されるようになるだろう。

　大久保公園では、近辺のネットカフェで寝泊まりしている「家すらない」女性たちがストリート売春をするようになってきている。二〇二二年からは、こうしたネットカフェの女性たちの他に、ちゃんとした昼職を持った女性も立つようになってきたのが大きな特徴だ。コロナ禍の中で女性を取り巻く労働環境が悪化してしまったので、女性たちの売春の裾野が広がっていった。それは、社会に見捨てられた女性たちが必死で生きている姿なのである。

　このあたりには興味深いことに外国人トランスジェンダー（ニューハーフ）も立つようになっている。遠目に見ると女性なのだが、彼女たちは大柄であり、アイコンタクトも露骨である。歌舞伎町のラブホテル街界隈は、まさに多様なストリート売春が花開こうとしているのが分かる。

　ただ、日本の場合は警察当局の摘発能力があまりにも優秀なので、目立てば潰される。ストリート売春自体は生き残れないかもしれないが、売春や風俗に関わりを持とうと考える女性は増える一方なので、ストリート売春は時間や場所を変えながら、現れては消え、消えては現れるのを繰り返すのだろう。

　一九四五年、日本が敗戦を迎えた後には孤児《みなしご》や、親に捨てられた少女や、貧困でどうにもならない女性が、次々とパンパンになったり、娼婦になったり、赤線の置屋の女やカフェーの店員になって売春したりする姿が続出した。社会が女性を見捨てたら、日本の女性たちでも身体を切り売りして生きていくしかなくなる。

戦後の混乱期に生まれた「こんな女に誰がした」という路上に立つ女の嘆きは歌にもなったが、この短い言葉の中には「私が売春して生きるのは、そうしないと食べていけないところにまで追い込んだ社会が悪い」という感情が込められている。それは、「社会が悪い」「守れない男たちが悪い」ので、自分たちは売春をせざるを得ないという売春で生きる女性の恨み節でもある。

今、日本社会は女性たちをかつてと同じように追い込みつつあるという意識を持った政治家や経営者や男たちはどれくらい存在するのだろうか。ほぼ、皆無ではないか。だから女性たちは、社会にも、男たちにも期待しないで、自分が生き延びるために「できること」をするようになったのだ。

それが売春であり、風俗である。

彼女たちは政治の無策で追い込まれ、景気後退で追い込まれ、長期的には日本の衰退でも追い込まれていく。そして、這い上がれない日本女性たちが底辺にうごめき、どうにもならなくなっていく。

絶望の時代が加速していることに危機感を覚える女性が増えているのだ。死に憧れる女性と売春する女性はタイプが違うように見えるのかもしれないが、どちらも未来に対する絶望や不安や閉塞が生み出しているのは間違いない。

彼女たちは救われるのだろうか？

もちろん彼女たちの境遇に同情し、彼女たちが幸せに生きていけるような環境にならないかと尽力する人も大勢いる。しかし、そうした目で見るのではなく、嫌悪や拒絶心をむき出しにして突き放した目で見つめる人もいる。

夜の歓楽街。歌舞伎町のシネシティ広場で警察官に職務質問されている若いトー横界隈の女の子。シネシティ広場では、昼間から真夜中まで未成年の女子がたむろしている。中には15歳の少女もいたりする。

第五章　目ざわりだから抹殺する

† 幡ヶ谷で殺されたホームレスの女性のこと

二〇二二年四月、西新宿にあるオペラシティでゆっくりとコーヒーを飲んでから、京王バスに乗って首都高沿いに幡ヶ谷まで向かった。バスを降りて歩道橋を渡り、私が歩いて行った場所は二〇二〇年十一月十六日にホームレスだった六十四歳の女性が殴り殺された現場だった。この事件はとても大きく報道された。

彼女は広島県出身の女性で上京してからずっとスーパーの試食販売員などをして慎ましく生きていたが、コロナによって失職した後は家賃を払うことができなくなって、部屋を出て行かざるを得なくなった。

二〇二〇年の春頃からはホームレスになって、夜になると幡ヶ谷のバス停の小さく狭い椅子に腰掛けて身体を休めていた。殺されるまでの半年間、彼女は家のない状態のまま生きていたということになる。この女性を殺したのは、この幡ヶ谷のバス停の近くに住む四十六歳の男だった。深夜にバス停に座って身体を休めているホームレスの彼女が目ざわりだったこともあって「どこか見えないところに消えて欲しかった」と動機を述べている。

「お金をあげるからバス停から移動して」

そう話しかけたものの、彼女とは会話にならなかった。

そこで男は痛い目に遭わせれば彼女はどこかに行くはずだと考え、ペットボトルなど入ったポリ袋に石を入れた状態で殴りつけた。殺すつもりはなくて、痛めつければホームレスの女性がどこかに行ってくれると思った末の短絡的な犯行だった。しかし、石を入れたポリ袋で無防備な老いた女性を殴りつけたら深刻なことになるに決まっている。

まして彼女は半年も路上生活を強いられていて体力も著しく消耗していたはずだ。結局、男の行為は、これまで必死で生きていたひとりの女性の命を簡単に奪ってしまうことになった。

目ざわりだから、男はそうしたのだった。

この女性はまじめに働いて慎ましいながらも社会に迷惑をかけまいと、ひとりで必死に頑張ってきた女性であった。もちろん、生活保護を申請すれば受給することができたはずだった。福祉事務所に相談に行き、自分が置かれている苦境をきちんと説明することができたら、間違いなく住んでいるアパートも失わずに済んだ。

二〇二〇年のコロナ禍では彼女だけでなく、多くの女性が経済的な苦境に落ちていた。特に接客業や飲食店などの仕事に就いている女性は多くが失職して次の仕事が見つからなくなった。このあたりについては政府も現状を把握しており、国民の生活を維持させるための支援として「持続化給付金」をスピード給付し、それでも問題が解決しないのであれば生活保護の申請をするように周知していた。さらに失職してホームレスになってしまった人たちを対象に、東京都も緊急一時宿泊事業やホームレス自立支援事業を行っていた。

しかし、バス停で殴り殺された彼女を見ても分かる通り、誰もがこうした支援をつかめるわけではない。どんなに困窮しても、支援を受けることを考えない人もいる。

外部的要因の苦境であっても「ひとさまの世話になってはいけない」「自分が苦しんでいることを他人に知られたくない」「自分がこうなったのは自分のせいだから、自分でなんとかしないといけない」と思う人がいるのである。

まったく困ってもいないのに、一時給付金をもらい、持続化給付金をもらい、生活保護を受けて、おもしろおかしく楽しく要領良く生きている人間もいるが、その真逆に生死が危ぶまれるほどの困窮に落ちても、なおも自分の苦境に他人の手をわずらわせたくないと思う人もいるのである。まじめすぎる人、人に助けを求めづらい人、困ったときにはどうしたらいいのか分からない人が、政府の支援からもＮＧＯの支援からもこぼれ落ちて、ホームレスになってしまう。この女性もそうだった。

生活保護を受けた方がいいと第三者の誰もが思っても、どうしてもこうしたセーフティーネットを使おうとしない人が現実には存在する。どんなにアドバイスを受けても、さまざまな理由で彼らは生活保護を申請しない。

助けてもらうのは「恥」、プライドが許さない。

持っている不動産・自動車等を失いたくない。
自分が悪いのだから、受ける資格がないと考える。
生活保護を受けるのは負けだと思う。
知的障害などで制度の利用の方法がよく理解できない。
離れて暮らす親兄弟や疎遠な親戚に連絡して欲しくない。
働けるのだから働け、と言われるようで怖い。
区役所や、行政の手続き、説明をする気力も体力もない。
税金に寄生していると思われるのが嫌だ。
誰かと関わるのが怖い、できない。
最初から自分にはもらえないとあきらめている。
過去や経歴を思い出したくも説明したくもない。

幡ヶ谷のバス停で殴り殺された女性は「離れて暮らす親兄弟や疎遠な親戚に連絡して欲しくない」という理由が大きかったのではないかと推測されている。自分が経済的な苦境に落ちているのを知られたくないし、自分でなんとかできないのは恥だという意識もあったのかもしれない。他にも私たちが窺い知ることができないいくつもの心理的な障害があって、支援を拒んだのだろう。

彼女は殺されたことによって多くの人に薄幸の人生を知られるようになったが、実際には今も名もない女性が路上をさまよい歩いて必死で生きている姿がある。奇しくも、私が彼女の殺された現場に向かっているときにも、ひとりの女性が自動販売機のゴミ箱を漁っている姿が目に入った。通りすがる他人から顔を隠してコミュニケーションを拒絶し、淡々とゴミ箱を漁っていた。

今も無数の女性が、政府や行政やＮＧＯの支援から漏れたところで生きている。こうした人たちが増えれば増えるほど、社会の底辺は、より切実で哀しい光景になっていく。

日本の行く末を案じつつ、そして殺された女性のことを思いつつ、彼女の亡くなった小さな小さなバス停の片隅で花を手向けて手を合わせてきた。この日、雨が降る予定ではなかったはずだが、雨がはらはらと落ちて路上を濡らした。

日本では国外と比較したらホームレスは少ないように見えるのだが、貧困が広がっていけば彼女のように冷たい路上に放り出される女性も増えていく。すでに私は新宿の路上で行き倒れになっているような格好で寝ている若いホームレスの女性も見ているし、何時間も路上に座り込んでぼんやりとした顔で路上を見つめている女性も確認している。こうした苦境に落ちた女性に警備員が声をかけて、その場から排除する姿もあった。彼女たちは社会から「目ざわり」だと思われているのだった。

そして、目ざわりだから「抹殺」されるような事件も起こってくるのだ。

†「ホームレスの命はどうでもいい」の裏側

「生活保護の人に食わせる金があるんだったら猫を救ってほしい」
「ホームレスの命はどうでもいい」
「邪魔だしさ、プラスになんないしさ、臭いしさ」
「いない方が良くない？」

二〇二一年、平然と弱者を踏みにじるような品性下劣な発言をして、大炎上した人気ユーチューバーがいた。この男の発言から読み取れるのは「弱者をなるべく自分から遠ざけておきたい」「見るのも嫌だ」という排除の精神構造《メンタル》であった。それだけでなく、成功した自分を誇示する優越感や傲慢もまた垣間見えるものだった。

成功した人間が弱者を見下すあからさまな発言に、底知れぬ不気味さを感じたのは私だけではないはずだ。弱肉強食の資本主義の中で、経済状況の上か下を境にして社会の分断が想像以上に広がっていることを示唆する発言であった。

このような無神経で無理解な発言は、もちろん多くの人が非難した。

ところが驚いたことに、この男の発言を擁護する声もそれなりにあった。「ホームレスが目ざわりなのは事実だから彼の発言は悪くない」というのである。「ホームレスになったのも自己責任」という声もあった。

「自己責任か……」

私はため息をつく。貧困が広がり、成功者がＳＮＳで自分の成功を誇示するような社会になると、勝ち組と負け組がより可視化される。そうすると、成功者が持っている金を自慢し、失敗者が嘲笑されるような光景が目につくようになる。

「失敗したのは自分が悪いからだ。失敗した人間は目ざわりなので消えろ」

それが彼らの本音だったのである。

新宿区の福祉職員として働いている女性は、私にこう言ったことがある。

「社会的に不利な状況というのは、同じ境遇の人でない限り理解されないことが多いです。たとえば、健康な人には病気を抱えて生きている人の苦しみは分からないですよね。充実した人生を送っている人には、うつ病で苦しむ人の気持ちが分かりません」

「まあ、立場が違いますからね」

「仕事のある人は失業者が仕事を見つからない理由が分からないんですよね。早く仕事を見つければいいと思ってる。特に高い学歴の人はそうですね。だから、低学歴であることが仕事が見つからない原因になっているという話をしたら、今度はなぜ学歴を持たないのか分からないと言い出すんですよ」

「なるほど」

「非正規雇用者はなぜ正社員になろうと努力しないのか分からないとかも言いますね。上から目線ですけど、無意識に本人が悪いって言ってるようなものですよね。そう言いたい気持ちがあるのを感じます」

　たしかに最底辺に生きる人たちの中には、明らかに自己責任としか思えないような言動をして、自ら立場を悪くする破滅的な人や、最初から個人や社会に寄生して働かないで生きようとする自堕落な人も存在する。そのため、「どん底に生きている人は自己責任だ」という考え方は絶対に間違っているというわけではない。

　しかし、「自己責任がすべてではない」というのもまた事実である。

「いろんな人がいるんです。生まれながらに貧しい家庭だったり、病弱だったり。虐待を受けてる子もいます。不運な環境で生きてる子はいっぱいいるわけです」

　たしかにそうだ。他にも、事故や病気で障害を抱えたり、極度のコミュニケーション障害だったりして、うまく社会に適合できない人もいる。ひとつ不利なことがあればそれが別の不利を呼び、不利が複合的になっていく。それはまさに「負のスパイラル」である。一つ悪いことが起きると、次から次へと悪いことが起きていく。悪いことが悪いことを呼び寄せるのだ。

たとえば、家庭が極度に貧しかったとする。そのことに子供自身は気づかないかも知れないが、社会的に見れば不利を背負っているとも言える。貧しかったので親に学費を負担させるのを遠慮して、進学よりも就職を選ぶ若者もいる。高卒どころか、中卒で就職する若者も存在する。

そうすると、どうなるのか。

高スキルの仕事を任せてもらえないので、低賃金の仕事しか就けないことになる。そうした仕事は条件も環境も悪いので、少しでも状況の良いところに移ろうと考えて仕事を渡り歩くことになる。ところが仕事を渡り歩くと、より就職に不利になっていき、条件の良い仕事はますます遠ざかっていく。失業する期間も出てくる。そして最後には、非正規雇用かパートのような仕事しか見つからなくなる。

そうした環境の中でムリして働いているうちに健康を害することになる。しかし、金銭的にも時間的にも病院に行く余裕がなく、病気を悪化させる。自分の環境に嘆き、自暴自棄に陥れば、アルコールや喫煙などの悪癖にも染まっていき、寿命を縮める。低所得の人たちの寿命は高所得層の人たちよりも短命であることが知られている。

この人の最初の不利は「家庭が貧しかった」という、たったひとつの社会的不利だった。

しかし、その一つの不利は、低学歴、低所得、失業、非正規雇用、病気、悪癖、短命……とありとあらゆる社会的な不利を呼び、複合的になっていく。

「家庭が貧しかったって、自己責任でもなんでもないです。子供は環境を選べませんし。親だって選べないんです。生まれた環境と育ててくれる親の元で育つしかないですよね。それって、自己責任ですか？　違いますよね？」

福祉職員は述べる。

貧しい人は全員、貧困が決定づけられているわけではないのは事実だ。しかし、「極度な貧しさを自力で克服する」というのは、私たちが想像している以上に難しい。貧困層の家庭で生まれた子供たちは、貧困の中で生まれ育ち、そこで死んでいく姿の方が圧倒的に多い。

たとえば、国が貧しいと大半の国民は貧しいというのは誰でも知っている。それは、本人の努力ではいかんともし難い環境があると、それを乗り越えるにも限度があるということを意味している。

私たちがもしアフガニスタンやイラクやソマリアやコンゴで、あるいは国土全体が戦場になってしまったウクライナのような国で生まれていたら、今の自分の日常生活が成り立っていたのかを考えても分かる。

戦争・内戦・極貧が渦巻く厳しい環境の中で、私たちは普通の日常生活を自分の力だけで手に入れることができただろうか……。生活費を稼いだり貯蓄したりする余裕があっただろうか。「生きているだけでも奇跡だ」という国で苦難を乗り越えるというのはたいへんなことである。

生まれながらにして不利を背負ってきた貧しい人の中にも、たしかにそれを克服して豊かになっていく人も存在する。しかし、大半は「そうではない」という過酷な現実を認識しなければならない。

そのため、成人しても貧困の中で暮らしている人を指して、一概に「自己責任である」と決めつけるのは、非常に乱暴な指摘でもあるし、残酷なことでもある。

低学歴、低所得、失業、非正規雇用、病気、悪癖のすべては、自己責任のものもあると同様に、仔細《しさい》に見れば自己責任ではないものも含まれている、ということだ。その複合的な「不利」も、最初はたったひとつの不利から派生することもあるのだ。

自己責任の押しつけは、そうしたさまざまな要因をすべて無視して、その人自身に全責任を負わせるものである。それは弱者に対する無責任な「断罪」であるとも言える。そして、その自己責任のさらに先にあるのが「嘲笑」なのである。

経済的に成功したと思われる人気ユーチューバーの「ホームレスの命はどうでもいい」

「いない方が良くない？」「猫の命の方が大切」と言う発言はまさに弱者を嘲笑する態度から生まれてきた発言だったと言える。この男は、明らかに優越感に浸りながら成功できなかった人を〝嘲笑〟していた。

それはまぎれもなく人格攻撃であり、彼らの尊厳を侵害するものなのだが、自分のプライドや虚栄心や優越感を満たすために、資本主義の成功者となった男は、弱者を攻撃することで自己満足を得ようとしたのである。そして、もうひとつこの下劣な男の発言で気づくべきことがある。

それは、ホームレスの〝命はどうでもいい〟という部分である。

命はどうでもいい……。

そうなのだ。ここでもまた「生に対する希薄さ」「生に対する無頓着さ」が別の意味で垣間見えるのである。この男は成功しているので自分の生命については大切に思うのだろうが、自分が目ざわりだと思っている存在に対しては容赦がない。死んでしまえばいい、いなくなってしまえばいいと思っている。

それが「ホームレスの命はどうでもいい」という言葉に凝縮されている。ここには弱い存在に対して気遣う感情はまったくない。自分にとって要らないもの、目ざわりなものは抹殺してしまいたいという荒廃した心象風景がある。

「ホームレスの命なんかどうでもいい」と言い放った品性下劣なメンタルを持った炎上系のユーチューバーもいた。しかし、この発言を擁護する声もあった。「ホームレスになったのは自己責任」というのである。

†　母親が子供を目ざわりに思って起きたこと

弱い存在に対して気遣う感情はまったくなくなったのが、母親であったらどのようになるのか……。子供は弱い存在であるが、母親が弱い存在を守ることに意味を見出さず、生に対する希薄さを持っていたら、犠牲になるのは子供である。もし母親が子供を邪魔に思うようになって「自分にとって要らないもの、目ざわりなものは抹殺してしまいたい」という意識を持っていたら、後に待っているのは地獄でしかない。

まさか、自分の子供に対してそのような感情を持つような母親がいるのかと思うかもしれないが、子供をゴミのように扱う母親は間違いなくいる。こうした母親が引き起こした事件が二〇一六年に埼玉県狭山市で起きた三歳の女の子の虐待死事件だった。

この女の子は、顔面の重症の火傷が放置されて身体中アザだらけの状態で死んでいた。身体はとても小さくて、ふだんから栄養が行き届いていなかったのは明白だった。食事も満足に与えられていなかった。母親は彼女をひっきりなしに怒鳴りつけており、家の中から二時間も三時間も泣き声が聞こえてきたり、夜中に外に放り出されていたり、日常的に虐待を受けていたのは近所も認識していた。

母親は十八歳の時に長女を生み、十九歳のときに次女を生んでいたのだが、虐待死したのは次女の方だった。若い母親はふたりの子供にはどちらも乳幼児健診も一度も受けさせていなかった。面倒なことは先延ばしして、放置するタイプであったことがこうした日常生活で垣間見えてくる。しかし、殺された女の子が一歳の時までは虐待の痕はなかった。少なくとも殴るような虐待はなかった。身体を傷つけるような虐待は、女の子が二歳になった頃から始まっていた。

なにがあったのか。

この若い母親は、その頃から二十四歳の男とマンションで一緒に暮らすようになっていたのである。新しい男と暮らすのに、前の男の子供、特に手がかかる次女が邪魔になったのである。虐待はそこから始まっていた。ふたりは子供が邪魔だという意見では一致していて、揃って次女を虐待していたのだった。

女の子は物怖《ものお》じして、母親が連れてきた新しい男には懐かなかった。呼んでも来ないので、男は言うことを聞かない彼女を恒常的に蹴飛ばしていた。押し入れに監禁したり、正座を強要したり、犬を散歩させるために使う首輪とリードで子供を部屋に縛りつけていたこともあった。ちなみにこのふたりが住む自宅マンションの押し入れには、外から鍵をかけられるようになっていた。子供を押し入れに放り込んで鍵をかけていたのだ。

子供が頼るのは親しかいない。しかし、その親が敵意を剥《む》き出しにして襲いかかっていた。食事も与えられず、泣いたら蹴られ、身体をアザだらけにされ、押し入れに閉じ込められ、縛られ、罵られていた。そして親たちの虐待はさらにエスカレートし、いよいよ子供の顔面に熱湯をかけて大火傷させるところまで至ったのだった。

熱湯をかけたのは母親だ。当然のことながら、病院に連れて行くようなことはしなかった。それから一ヶ月もしないで三歳の女の子は息絶えた。死因はさまざまな要素が複合的に絡み合っているようで、はっきりと分かっていない。

その後の捜査で判明したのは、親たちは次女をどのように虐待するかＬＩＮＥで相談しあっていたことだ。ふたりのスマートフォンには、「帰ったらやろうね」というやりとりが残されていた。

「やろうね」というのは、虐待をやろうね、という意味である。

普通、虐待というのはヒステリックになった親が衝動的に行うというイメージがある。しかし、このふたりは違う。どのように虐待をするのかを、相談しながらやっていた。

虐待は衝動的なものではなく、故意のものであり、それは悪意と殺意が混じっていた。新しい男にとっては虐待している子供は自分の子供ではないので、平気だったのかもしれない。しかし、母親にとって自分の子供である。三歳と言えば、子供が一番天使に見える頃であると言える。殺された女の子も写真で見ると可愛らしい女の子だった。しかし、母親にとってはそうではなかったようだ。前夫の子供、特に手のかかる次女が邪魔でしかなかったのである。

自分の子供が「要らないもの、目ざわりなもの」となった。

子供の虐待にはいくつかの種類がある。身体的虐待、心理的虐待、性的虐待、そして育児放棄《ネグレクト》である。ネグレクトは母親が育児に興味をなくして、子供の世話をどんどん疎かにしていくことなのだが、母親が子供を「要らないもの、目ざわりなもの」と感じて育児しなくなると、ひとりで生きていけない子供は生命の危機に直面する。これもまた形を変えた「虐待」なのである。

二〇二〇年七月。ひとりのシングルマザーが保護責任者遺棄致死の容疑で、警視庁捜査一課に逮捕された事件があった。この母親は二十四歳だったが、三歳の長女を東京のＪＲ蒲田駅近くのマンションに放置したまま、六月五日から十三日まで九州に出かけて知り合った男性と会っていて子供を餓死させていた。

彼女は品川駅近くの居酒屋で働いていたのだが、この時に九州で会っていた男性は、その居酒屋で働いていた同僚の男性だった。九州から戻ると、部屋の中で三歳の長女は脱水症状と飢餓で絶命していた。部屋の中はゴミ屋敷のようになり、おむつは付けっぱなしで下半身は爛《ただ》れていた。

彼女はまず、九州で会っていた男性との携帯でのやりとりの履歴をすべて削除して自分が九州に出かけていた痕跡を消した。そして、彼女は汚れていた長女の身体を拭いて、新品のおむつに履き替えさせてから救急車を呼んだ。

死に至った状況を彼女は病院にこう説明していた。

「数日前から体調を崩しておかゆを一口ほどしか食べなかった」

「お金がなかったので、家で面倒を見ていた」

実はその二ヶ月前の五月にも、この若い母親は子供を放置して家を三日間留守にしていた。この時も知人に会いに行っていた。警察が防犯カメラを確認したところ、五月から子供を外に出した形跡がなかった。

彼女は一年ほど前から、長女を保育園に通わせるのをやめさせていた。しかし彼女はシングルマザーであり、品川の居酒屋で働いていたのだ。つまり、その間は自分の子供をひとりで一ＤＫのマンションの部屋に放置していたということにある。子供を放置する際は、豆電球とエアコンを点けっぱなしにして、子供が部屋から出られないように、部屋のドアをソファーでふさいでいた。

二歳、三歳の子供を数時間から半日近くもひとりで放置するというのは明らかに危険な行為であり、子育てどころか育児放棄でしかない。しかし、彼女はそうやって子供を放置することに慣れていき、半日、一日と放置しても子供は大丈夫なのだと「学習」した様子が窺える。

そのため、居酒屋の仕事が終わっても一目散にマンションに戻るわけでもなく、パチンコ屋に寄って時間を潰して深夜に家に戻るような生活になっていた。彼女は子供が死なないために、部屋の中に大量のお菓子やお茶を用意していた。お腹が空いたら子供がひとりで勝手に食べて飲むことを期待していた。

彼女は明らかに子育てに疲れ、飽きていた。同僚の仲間はみんな楽しんでいる。しかし、自分は子供がいてずっと子供の面倒ばかり見なければいけない。子供がいるせいで、新しい恋を成就することさえもできない。

それは若い彼女にとって「おもしろくない」ことだったに違いない。彼女は別に子供を身体的に虐待していたわけではない。子供を殺そうとしていたわけではない。しかし、ひとりで子育てをする中でしだいに精神的に疲弊していき、子供の面倒を見るのがだんだん苦痛になっていた。

子育ての苦しみを相談したり助けを呼んだりすることはできなかったのか。彼女の両親は彼女が幼い頃に離婚していて、彼女自身も幼い頃に虐待・育児放棄をされていた。彼女は十八歳まで保護施設から学校に通っていた。後に母親とよりを戻して家族の縁は切れなかったのだが、子供の世話を頼れる母親ではなかった。

子供の父親はどうだったのか。彼女は二十歳頃に付き合っていた男性の子供を身ごもって結婚したのだが、夫婦仲はすぐに崩れて離婚していた。児童相談所にも相談はなく、大田区の相談所は状況を把握していなかった。つまり、彼女は誰も相談せず、支援も頼らず、ひとりで子育てする中で、育児放棄をするようになったということになる。

誰も相談がない中、ひとりで子育てをする中で、数時間ほど放置しても大丈夫だった、半日放置しても大丈夫だった、一日放置しても大丈夫だった、三日放置しても大丈夫だった……と、放置の期間を徐々に延ばしていった。そして、最後に八日放置して殺してしまった。それが、このネグレクト事件の状況だった。

子供を放置したら最後には死が待っていることくらいは母親も分かっていたはずだ。しかし、母親には弱い存在に対して気遣う感情が欠落していた。

「子供の命はどうでもいい」

「邪魔だしさ、プラスになんないしさ」

「いない方が良くない？」

そのように思っていたのだろうか。自分が邪魔だと思う存在に怒りを感じ、そしてその存在を抹殺したいと思っていたのだろうか。「目ざわりなのでいなくなればいい」と自分の子供を見て思っていたのだろうか。

そういえば、オーバードーズ、リストカット、ピアス、タトゥー、瀉血《しゃけつ》……と、自傷のオンパレードで、常に希死念慮を持って生きている二十六歳の女性も、母親に「あんたなんか産まなきゃよかった」と言われていた。「やむやむさん」だ。

† 存在自体をみんなの中から消したい

ＳＮＳで「やむやむさん」と言うハンドルネームで「病みツイート」をしている二十六歳の女性がいる。「やむやむ」というのは、もちろん「病む病む」を現している。それは彼女の生《い》き様《ざま》でも分かる。

「うちの病みアカに、薬のやりすぎで肝硬変になっちゃって、六月に亡くなった子がいます。仲が良かった子です。オーバードーズのしすぎで肝硬変になっちゃって、最後に吐血して亡くなりました」

彼女はそのように「オーバードーズの世界」「病みの世界」のことを話しはじめてくれた。彼女のようにオーバードーズする若者たちが集まる場のことを、彼らは「病みアカ界隈」と呼ぶ。

「病みアカ界隈ではＬＩＮＥのグループがあって、そこで一緒にお喋りとかしたり、紙の手紙とか交換して文通したりとかしています。うちと彼女もそうです。ＳＮＳで知り合って、それでなんか文通も一緒にしてました。うちも書くことが好きだから文通も苦になりませんでした」

やむやむさんは淡々と、そのように述べた。小柄でくっきりとした二重のまぶたを持つ女性だったのだが、彼女を表面的に見てもオーバードーズをしているようには感じなかった。しかし、彼女は私と会う前日も精神安定剤でオーバードーズしていた。オーバードーズだけではない。ピアスを入れ、タトゥーを入れ、リストカットもしている。

いつからそうだったのか。

「今は二十六歳ですけど、もともと小学生の頃からちょっとメンタル的に弱い部分があって、リストカットするようになりました」

彼女はそのように言う。

「最初はなんだったんだろう、なんか切りたいみたいな……。自分にいらだって、モノとかに当たるよりも、当たって壊れたりとかしたら面倒くさいから、それなら自分を傷つけよう、その方が誰にも迷惑かけることもないし、自分の中でもすっきりすると思ってリストカットをしました」

リストカットをして「すっきりする」という感覚は、普通の人にはない。これはどういうことなのかというと、やむやむさんは「今まで悩んでたこととか嫌なこととかが、切ったところから毒素が抜けていくような感じ」と説明した。

「献血終わったあとに、なんかさっぱりしたな、というそういう感じですか？」

「そうそう。そんな感じです。だから、毒素を抜いてるっていう感じです。それを、小学校六年生から中学校三年生くらいまでやっていました。年齢で言うと、十二歳から十五歳ですね。そのあと一回治ったんですよ、切りたいというのが。でもなんか高校三年生になって、友だち関係があんまりうまくいかなくなったときに、ちょっと難しいことになって、またリストカットはじめて、学校にも行かなくなりました」

「高校は卒業したんですか？」

「卒業はギリできました。最後は学校行って単位取るために補習して、卒業しました。卒業してからはバイトをしてて、正直、親が毒親だったから、家を出ようかなとなってひとり暮らしをはじめました」

「毒親……。毒親というのは、どういう意味で毒親だったんですか？」

「こっちに非がないのに、親が嫌なことあったら、こちらに八つ当たりするとか、そういう感じでした。うちは、母親に『あんたなんか産まなきゃよかった』とか言われました」

「そんなことを言われたんですか？」

「はい。産まなきゃよかった、と言われて。それでうちも『こっちだって貧乏な家に生まれたくなかった』と言ってケンカになって……。うちの部屋には、ぬいぐるみの部屋みたいなのがあって、そこでいつでも死ねるように包丁を入れてました。ちょうど、包丁を買い換えたんですよ。新しい包丁と古い包丁。それで親が古い包丁を捨てるって言うので、『あっ、じゃ捨てとくよ』って言って、その包丁を隠してて、それでリストカットしてました」

「小学校の頃から……」

「そうです。なんか、他の人はなんで死にたいって思わないんだろうと逆に思っちゃう。なにか嫌なことがあったり、つらいことがあったときに……。死にたいというよりも消えたい？　存在自体をみんなの中から消したいと思います」

「友だちとかはいないんですか？　相談したりとかはしない？」

「友だちとかはいるけど、会って相談したところで、うつ病を持っている人と普通の人の感覚は違うので、相談しても分かってくれないです」

「そうなんですか？」

「普通の健常者だったら、なんでそんなことで悩んでるのというところからはじまってるから、結局はわかり合えない世界観で生きているって思っているから。うちは別に健常者にはわかってもらおうとは思ってなくて……。うつは、病院の人がわかってくれたらいい。結局、健常者とうつ病なんかの精神疾患を持っている人は、同じ地球にはいるけど、同じ世界線上では生きているとは思っていないから。絶対に壁があるから、そこに」

　やむやむさんはそのように強調した。彼女は精神障害の障害者手帳を持っており、うつ病でもあり、パニック障害もあった。

「オーバードーズはいつからですか？」

「二十二歳くらいですね。四年前。二十歳で結婚したのですが、オーバードーズが原因で離婚したという感じです。うちは、なんでオーバードーズがダメなのかというのが分からなくて……」

「オーバードーズがダメな理由がわからない？」

「はい。家族会議みたいになったんですけど、なんでダメなのかという理由がわからないです、こっちは……。だって、みんなイヤなことがあったらビールとかお酒をたくさん飲むのと一緒で、こっちはイヤになったらクスリをたくさん飲むのが当たり前だから。なんでそれを、こっちの解決策とかもなにも見つけてない状態でそれを止めるのか、もう分からなくて」

それを聞いて、私はやむやむさんのオーバードーズの捉え方がつかめたような気がした。たしかに普通の人は、イヤなことがあったら酒場で深酒でもして酔って憂《う》さを晴らそうとしている。やむやむさんの場合は、それがクスリだったのである。彼女の理屈は、「みんな酒で酔って、自分はクスリで酔う。なにが違うんですか？」だったのだ。

「どういうクスリを飲むんですか？」

「ミン剤（睡眠薬）だったり、あとはメジコンという風邪薬だったり。やっぱり、メジコンですね。これが一番多いです」

「メジコンって一回二錠ですよね。オーバードーズする人はそれを四十錠だとか一気に飲むとか？」

「そうです。うちはもう四シート（四十錠）じゃ効かなくなってて、六シートになって、それでパキらなかったら、一シート追加して、また一シート追加して……。結局、八十錠は一日で飲んじゃう。一〇〇シートくらい、知り合いから買っても、すぐになくなっちゃう。休みとかになったらやるから、すぐになくなっちゃいます」

「それだけ飲まないと効かないんですか？」

「耐性がついちゃうから、まったく効かないんですよ。ずっと飲んでると、飲んでもなんともなくなるんです」

　やむやむさんはそう言ったが、そのオーバードーズぶりには目を見張った。なにしろ二錠のところを一気に八〇錠も飲むのだ。これまで聞いた誰よりも過剰摂取だった。

「パキると、どういう状態になるんですか？」

「幻覚・幻聴です」

「幻聴ですか……」

「幻覚とかは、その時にもよるけど、最初はすごい量の星が目をつぶっただけでめっちゃ流れてくる。上から降ってくる。今とかは幻聴が聞こえてきて、家に誰もいないのに誰かの声が聞こえたり、人がいるのが見えたりとか。そこまでいくと、覚醒剤と同じ作用になっちゃうんですよ。友だちとか来ても、その人が来てるってわかってるけど、いろんな知り合いの顔になっているから、誰なんだろうと思ったりしました。ホントに幻覚で違う人の顔になってたりして……」

「それで、効いているときって気持ちいい感じなんですか？」

「そうですね。なんか曲とか聞いていたら、クラブにいるみたいに重低音がすごい身体に響いてくる」

「オーバードーズしたいのは、ひとりになって気持ちが落ち込んだりするから？」

「最初はそうだったんですけど、なんかもう今は風俗の出稼ぎに行ったりとかしてるから、帰ってきて疲れすぎて、現実忘れたいからメジコン飲むという感じですね」

「ああ、もうヤケ酒飲むみたいな感じですかね？」

「そうそう。今はもう普通に一週間ずっとやっていて、なんかメジコンが切れかけたときに、またメジコンを追加してみたいだから、シラフでいるときが少ないみたいな感じです」

「ＳＮＳ見たけれど、瀉血《しゃけつ》もやっているんですよね？」

「はい、やっています。瀉血はリストカットとはまた別で、ニードル（針）をさして血を出して、それを集めるみたいな……。そしたら、そのぶん「毒」が出たという感じで、やればやるほど「毒」がなくなっていくというか。イヤなこととかがなくなって全部出ていく感じがします」

「結構、血を抜いていますよね？」

「はい。一回で一〇〇ミリリットルくらいですかね。だから、ちょっとクラクラするな、というのはあります」

「痛みとかはどうなんですか？」

「痛みはもう慣れですよね。ピアスとかも今は付けていないところもあるんですけれど、耳介のところは全部穴が開いています。今、風俗をしてるから身体に傷を付けたら目立っちゃうから、瀉血かＯＤ（オーバードーズ）になっています」

「タトゥーも入れているんですよね？」

「そうですね。八箇所入れてます。大きいのはハガキサイズ。ちっちゃいのはホントに五〇〇円玉くらいのもの。ひとつは、うつ病で亡くなった『SHINee』というグループのメンバーが彫っていたのと同じのを入れました」

「一線を超えることはあるんですか？」

「二十五歳のときなんですけど、本当に死のうと思ってやったことあります。メジコンって一錠で入っている量は十五ミリなんですけど、それの倍の三十ミリのやつ、それの二十錠入りを十二、十三箱買って、それで八十錠くらい飲んで、それが金曜日の夕方で気づいたら日曜日の夕方だったということがありました。気絶して、そのままみたいな……」

「それは、ひとりのとき？」

「ひとりのときです。だから、みんなから電話が来てたりしてたんですが、電源切れてて二日間分からなかった」

やむやむさんは「本当に死のうと思っていました」というのだが、それは普通の人が「死にたいな」と思うようなレベルではなく、本当に致死量に近いのではないかと思うような量をオーバードーズして死の直前まで行っている。彼女にとっての「死」は、私たちが考えている以上に近いところにある。

「でも、それは昔からです。十歳くらいの頃から二十五歳になったら死ぬと考えてた。そんな感じで自分の中で決めてました」

「二十五歳というのはなにか意味があるんですか？」

「とくにはないんですけど、自分の中では三十歳、アラサーというのは老けているという感じがして、それだったら二十代の間を見て二十五歳という感じですね」

「それほどまで死を意識して生きているというのはすごいものがありますね」

「常に死にたいと思っているから、おかしいって思っていなくて、なんでみんなこんな汚い世の中で生きているのか逆にわからない。それで、今年の六月に友だちが亡くなったんですけれど、正直、その子が亡くなったときもすごく醜いことを考えていました」

「というと？」

「その子は亡くなる前の日まで『死のう』みたいな感じでＳＮＳに書いてて、亡くなりました。その子が、そのまま天国に行けるのは、正直うらやましいと思ったんです。自分はまだ死ぬ勇気がないから生きてるだけ。うらやましいな、というのは正直思ったところはあります」

やむやむさんは徹頭徹尾、死を思いながら生きていた。彼女の話を聞きながら、私の心に残ったのは、彼女が母親に言われていた言葉である。彼女の母親は自分の娘に対して「あんたなんか産まなきゃよかった」と言い放っていたという。それは、ひどく残酷で冷酷な言葉であり、子供にとっては大きなトラウマになるはずだ。

ある女性が私に言ったことがある。

「母親が娘に対して、私より幸せになるのは許さんという感情を持っていた場合、子供はそれを感じとってるので、不幸にならないとお母さんが悲しむって呪縛が残るんです。無意識に……」

やむやむさんは「死にたいというよりも消えたい？　存在自体をみんなの中から消したいと思います」と言った。「あんたなんか産まなきゃよかった」という言葉は彼女にとっての呪縛だったのだろうか。

彼女の話を聞きながら、そんなことを思わずにいられなかった……。

やむやむさんが流す大量の血。彼女はリストカットし、オーバードーズし、そして瀉血し、自分で自分の身体に穴をあけてピアスをし、身体のあちこちにタトゥーを入れる。彼女は常に死を考えて生きていた。

第六章　負け犬が社会に牙をむく

† 自ら「負け犬」と嘆く男性に会う

新宿・歌舞伎町にはトー横界隈でたむろしてオーバードーズしている若者がいる。しかし彼らとは別に、ネットカフェを転々として単発バイトの仕事をしつつ、明日の見えないどん底の生活をしている二十代や三十代もいる。

コロナ禍で歌舞伎町のネットカフェはいくつも潰れてしまったのだが、新大久保寄りには生き残ったネットカフェがあって、彼らはそこに世間に見捨てられたかのようにひっそりと潜んで暮らしている。

彼らはトー横界隈の少年少女たちとは明らかにタイプが違っている。あり合わせの服を着て、時には薄汚れていて、孤立しているように見える。それを「限りなくホームレスに近い一般人」と私に言ったNPO団体の支援者もいたのだが、たしかに彼らは時には屋外で寝泊まりすることもあって限りなくホームレスに近いところにいる。昼間、大久保公園の中にいると、たまに大きなスーツケースを横にして力なく腰掛けている彼らの姿も見ることができる。一心不乱にスマートフォンの画面を見つめていたりする。

この日、声をかけてみた三十代だと思われる野球帽にラフなTシャツを着た男性は、いきなり声をかけてきたワイシャツ・ネクタイ姿の私に警戒の色を見せていたが、少し雑談していると打ち解けてきて「もし携帯の充電のバッテリーを持っていたら貸してもらえないでしょうか」と、おずおずと言ってきた。

スマートフォンは、彼らが所有する唯一の「社会とのつながり」だ。しかし、ネットカフェにいられない間は充電すらもできない。私は喜んで彼のためにそれを貸して、その間にいろいろ話を聞いてみた。

「どうしても充電できない時とかどうするの？　携帯ショップで頼むの？」

なんとなく聞くと、彼は少し考えてから「そうですねえ……」と言った。「携帯ショップはなんかいろいろ営業されるんであまり行きたくないんですよねぇ。肩身が狭いと言うか。まあ、僕は負け犬なんで」

彼はそのように自嘲した。普通、一般人の中では日常会話の中で「負け犬」という言葉が使われることはほとんどないと思うのだが、彼が会ってすぐにこのような自嘲の言葉を使ったのが印象的だった。


日本社会では、彼のようにネットカフェのようなところに寝泊まりしているのは「自分自身がしっかりしていなかったせいだ」と自己責任を押しつける。彼もまた自分の人生が失敗していることを理解している。だからこそ彼は「負け犬」だと自嘲して生きており、そういう言葉が自然に出てくるのだろう。

けっこう痩せていて、首も驚くほど細くて心配になるほどだった。いろいろ話をしていると、彼の場合はスマートフォンの充電には「コンビニに行って行うことが多い」と教えてくれた。

「コンビニで充電できるの？」

「中で食べることができるコンビニありますけど、あそこで充電できますから」

「なるほど。でもコンビニだとなにか買わないといけないよね」

「どうしてもお金がないときはデパートのトイレかな」

「デパートのトイレにコンセントなんかあるの？」

「ウォシュレットとかのコンセント抜いて充電します」

「なるほど……」

「あと駅のトイレとか。寝ながら充電してます」

　スマートフォンの充電ひとつにしても家がない場合は、どこかに行ってなんとかしないといけないのが彼の話でもわかる。彼は二年ほど前に住居を失ってこのようなネットカフェ生活を続けているのだが、歌舞伎町には最近やって来たのだと言った。それまでは錦糸町や秋葉原がメインだったが、なんとなく場所を変えたくて歌舞伎町にきたという。

　この日はちょうど単発バイトを探していたようで、そういった単発バイトばかりを集めた応募アプリを見ていたところだったようだ。かつてはアルバイト情報みたいな雑誌が主流だったはずだが、今ではアプリで単発バイトを探すのが普通のようだ。

彼が使っているアプリも、あとで調べてみたらすでに公称で五〇〇万人ものユーザーが利用していると豪語していた。五〇〇万人とは凄まじいユーザー数だ。それほどまで「単発バイト」は求められているのだろうか……。

このアプリでは職種を選択することができるのだが、彼の場合は資格をなにも持っていないので賃金の高い専門職の仕事はできず、配達・運転もできず、パソコンも使ったことがないのでオフィスワークもできない。人を説得することもできないので販売もできず、接客もイベントもエンタメも苦手なので、できる仕事と言えば「軽作業」くらいしかなかった。主に工場だとか倉庫での単純作業である。あるいはチラシ配りもあるという。

どの仕事もだいたい立ち仕事でキツい。「一日働いたら精神的に参ってしまって翌日はどうしても働けないですねぇ」と彼は言う。

「あまり体力ないし、重いのを持ったりしたらアザだらけになったりして痛いし」

体力的にキツくて一日働いても翌日には休むのであれば経済的に余裕ができることはない。経済的に余裕がなければ、節約して十分に食べることもできず、そうするとますます体力を失っていく。まさに負のスパイラルである。一番食べなければならない人間が一番食べられないで窮していくのが彼を見ているとよくわかる。

「まったくお金がないときとかもあって、朝九時からなんですけど電車賃もないから一時間くらい歩いて現場に行って、お昼ご飯も食べないで我慢して仕事しましたねぇ。倒れる寸前でした。いつものことですけど」

「今日はどういう仕事を探してるの？」

「ある仕事だったらなんでもいいんですけどポスティングですかねぇ」

「なるほど……」

そういう話をしていると彼はおずおずと私に尋ねた。

「もしかしてクビになって仕事探してるんですか？」

ワイシャツとネクタイの男が、昼間に大久保公園で見知らぬ男に声をかけて単発バイトの話をあれこれ聞いているので、彼は私が失業したばかりのサラリーマンと思ったようだった。考えてみたら、そう思われてもしかたがない。

彼とはしばらくとりとめのない雑談をずっとしていたのだが、その中で私はちらりと妙なことを聞いてみた。

「最近、ＳＮＳとかで闇バイトみたいなのを応募しているけど、そういうのってすごいお金もらえるみたいだね。ああ言うのって、どうなの？」

彼は大して興味なさそうだった。

「僕にはムリですよ。怖いじゃないですか。たぶん雇われないと思います。でも一回の仕事で一〇〇万円とかくれるらしいですよ。雇われたらやるかもしれません」

彼はそう言って苦笑いした。たしかに生活に追い詰められていたら、闇バイトは魅力的に感じるはずだ。それは、現代の一攫千金なのだから……。

それからも、しばらく彼とは話をしていたのだが、充電器を返してもらって、「がんばってくださいね」と声をかけて別れた。大久保病院のまわりには昼間なのに、すでに何人もの若い女性がストリート売春のために立っていた。

大久保公園の中には食い詰めたネットカフェ難民の負け犬の男性がいて、外側には若い女性が金を求めてストリート売春をしている。それは本当に荒んだ光景であると言える。資本主義社会のもっとも底辺の部分がここでは剥き出しになっている。

「負け犬か……」

本当に今の日本社会は十代、二十代、三十代の若者たちを追い込んでいるというのがありありと実感する。若年層の人生は破壊されていると言ってもいい。彼も今のままでは、なかなか這い上がっていくのは難しいはずだ。場合によっては、もっと状況は悪化しかねない。「負け犬」がもっと追い詰められていく……。

†　日本社会を覆い尽くす「負け犬」たち

日本社会では、すでに二十代から三十代の貧困は当たり前になっており、今さら「若者の貧困」で驚くような人はいなくなっている。日本ではすでに貧困は完全に定着したと言っても過言ではない。

若年層が経済的に苦しむようになったのは、一九九〇年代からである。この時期になにがあったのか。日本を覆い尽くしていたバブルの完全崩壊である。一九九〇年にバブルが崩壊し、一九九三年にもなると土地バブル、株式バブルに踊っていた企業のほとんどが業績を急激に悪化させていった。

このあたりの事情に詳しい七十代の元学習塾経営者はこのように述べる。

「バブルが崩壊したばかりの一九九〇年から一九九二年まで、ここで踏みとどまれば再び日本の陽は昇ると考える経営者も多かったよ。それで、彼らはバブルが崩壊していく最中に、もっと借り入れして暴落した株式や土地を買い漁ったわけだ」

「崩壊したバブルは戻りませんでしたね」

「そうなんだ。高値の不動産や株式をしこたま買い込んだ経営者はみんな身動きが取れなくなったね。借金地獄だよ。当時は自殺した経営者もいっぱいいたんだよ」

バブル崩壊後、会社の資産や業績が急激に悪化していく中で、ほとんどの企業は自衛のために支出を引き締め、求人を取りやめ、人減らしをするようになっていった。

そこで起きたのが「就職氷河期」だった。

「就職したくても仕事が見つからないんだな。企業が求人を出さなかった。企業はバブルのときに馬鹿みたいに人を雇ったんだけど、バブル崩壊で不景気になって、もう新規の求人どころではなくなったわけだね」

さらに、悪いことが起きていた。この頃からグローバル化による海外進出が本格的に始まっていて、日本企業は新興国との激しい価格競争に巻き込まれて賃金の高い日本人を雇う余裕がなくなっていった。企業はどうしたのかというと、こぞって生産工場を国外に移して途上国の安い人材で製品を製造するようになり、国内の雇用を捨てた。

かくして、若年層は仕事を探しても見つからず親に寄生《パラサイト》しながら、アルバイトのような仕事で細々と生きていくしかなくなった。こうした若者を当時の社会はこのように罵ったり嘲笑したりした。

負け組……。

誰が彼らを「負け犬」と言っていたのか。それは、バブルが崩壊する以前に就職していた人間たちである。一九九〇年代は、まだ運良く会社に潜り込めた人間がいたので、「就職氷河期で仕事が見つからない人が犠牲になった」という理解がなかった。

特にバブル期であった一九八六年から一九八九年までに、引く手あまたで就職できた人たちにとっては、「就職できない」というのは実感できないことでもあった。この世代は後に「バブル世代」と言われるようになるのだが、彼らにとっては「仕事が見つからない」というのは「遊び回っていたからだろう、自己責任だ」としか思えなかったのである。

しかし、超就職氷河期の波に飲まれて「負け犬」と指をさされた就職氷河期の若年層は、バブル世代の若年層となにが違ったわけではない。違ったのは、就職する時期になって日本の経済環境が大きく激変して、その不運な波をまともに食らったという部分だ。

彼らは翌年には状況が改善されているかもしれないと期待を寄せたがムダだった。日本経済は回復せず、状況は後になればなるほど悪くなっていった。莫大な不良債権を抱えた銀行は必死になって貸し剥がしに近い資金回収に走っていたのだが、それでもバブル崩壊に対処できなかったのだ。

その結果、一九九七年以後は北海道拓殖銀行、日本長期信用銀行、日本債券信用銀行が次々と破綻した。株価崩壊で証券会社も立ちゆかなくなり、山一證券も三洋証券も吹き飛んでいった。結局、就職氷河期の若年層は助からなかった。

ひきこもりやニートは、二〇〇〇年代に入ってから日本の社会問題となったのだが、働かないで自室に引きこもる人たちはこの世代から生まれている。

ちなみに、日本政府は政権を何度も何度も変えながらも日本経済を成長させる方策はまったく採らず、経済を縮小させる緊縮財政を強烈に押し進めたので、実質賃金は下がる一方と化して貧困が全世帯に蔓延した。

二〇一〇年代に入ると、バブル世代もまたリストラの対象となって路頭に迷うことになる。つまり、就職氷河期の若年層を「負け犬」と言っていた世代も、二〇一〇年代には「負け犬」になったということだ。

もちろん、就職氷河期の若年層でも就職活動に成功した人もいる。彼らは自分たちが幸運だったことを感謝し、給料が安かったり昇進しなかったりしても淡々と働いた。

就職に失敗したら、非正規雇用で働くか、ひきこもりになるしかないのだが、実際に自分たちの回りを見回すと同年代の若者がそのようになっていた。「雇ってもらう」というのがどれだけ厳しいことなのかを就職活動で骨身に染みた彼らは「正社員」という地位にしがみついた。

その結果、世帯間の格差も広がっていった。なんとか就職できて地道に働いて賃金をもらえる人と、低賃金の非正規雇用者や無賃金のひきこもりやニートに、貯金や資産形成に差が生まれるのは当然のことである。

その差が埋めがたいものとして社会問題化するようになったのが二〇〇五年頃からだった。この頃になると、「就職できなかった若者たちは本人の責任ではなく社会にも問題があったのだ」という認識が浸透するようになっていた。

それまでは「働けない、食べていけないのは努力が足りないからだ、自己責任だ」という突き放した声も多かったのだが、やっと社会は「時代が働けない若者を生み出していた」ということに気づいた。

しかし、その時はもうすでに遅く、若年層の人生は破壊されていた。彼らはまともな仕事を得ることもできないまま三十代や四十代になり、ますます仕事が見つからなくなっていたのだ。そして、今の日本の社会は平均年収一八六万円のアンダークラスと呼ばれる低所得層が一二〇〇万人にもなって「負け犬」だらけと化した。彼らは、もはや社会のどん底《ボトム》でどうにもならなくなって生きることに意味を見出さなくなり、自殺したり、リストカットしたり、子供を虐待して死なせるようになってきている。

これは一過性のことなのだろうか?

いや、そうではない。長らく定着した経済縮小《デフレ》と貧困蔓延と格差拡大が問題の根幹に横たわっているのだから、けっして一過性のことではないのだ。むしろ、今後も加速度的に増えていく現象であると言える。若者たちは今の社会に閉塞感を覚え、自分たちはもう豊かになれそうにないという失望も感じ、社会に対する怒りも感じ、そして彼らの一部から、生と死に関する〝歪《ゆが》み〟が広がるようになってきているのだ。

生きているという実感が浅くなっていく。

死ぬことに対しても取り立て深く考えなくなる。

生にも死にも意識が希薄になる。この生死の希薄さは、いずれも自分や他人の「命に対する執着のなさ」を生み出す要因となる。その結果、生命の尊厳はあっさりと無視される。自分が邪魔だと思う存在に怒りを感じ、そしてその存在を抹殺したいと思うようになるのだ。「邪魔だしさ、プラスになんないしさ」「いない方が良くない？」と勝手に考えて、大量殺人さえ引き起こされるのである。

†　妄想と錯乱と支離滅裂の大量殺人

二〇一六年七月二十六日の真夜中、神奈川県相模原市緑区にある知的障害者の施設に、二十六歳の男が侵入し、施設内に忍び込んだ。そして、施設内の職員たちを拘束して結束バンドで縛り「障害者を殺しに来た。邪魔するな」と脅した上で、所持していた包丁やナイフで障害者を次々と刺し殺していった。

最終的には、入所者十九人が刺殺され、二十人が重傷となり六人が負傷するという日本では近年にない大量殺人事件となったのだった。この二十六歳の男はこの施設の元職員だったのだが、施設で働くうちにこのように思うようになっていたという。

意思疎通のできない重度の障害者は社会に不要な存在だ。
死んだ方がいい。

この男にとって、重度障害者の命は目ざわりであったようだ。だから「いなくなった方がいい」と考えて、そのために犯行に及んだのである。そうすることが「世界平和につながる」とこの男は信じ込んでいたのだった。

殺害前からすでに友人やインターネットで犯罪予告を出していて、入所者の知的障害者を明確に殺害する意図を持っていた。この施設で働いていたので施設の障害者とは面識もあったが容赦はなかった。介護職員であった時から、施設に入居している障害者たちに暴行したり暴言を吐いたりする問題行為もあったのだが、その頃から「重度障害者は安楽死すべきだ」という主張を繰り返し、施設側から叱責されてもいた。

しかし、この男は激しくそれを主張して意見を変えなかった。そのために解雇に近い自主退職に追い込まれて、「危害を加える恐れがある」と警察に通報もされた。それほど「重度障害者は安楽死すべき」という持論を強く持っていた。

この男は中学の頃から酒とタバコに染まり、大学生になるとクラブで出回っているドラッグをやり始めるようになり、身体に刺青を入れて、半グレたちと付き合うようになっていた。帝京大学卒業だが、卒業してから運送会社の仕事やデリヘルの運転手などの職を転々としてから、この介護施設に非常勤職員と勤務するようになっていた。

男は働きながらも相変わらずクラブに出入りし、マリファナや危険ドラッグに高じていたことが分かっている。「マリファナは効かない」というので、徐々に危険ドラッグの方に移行していた。

二〇一五年には介護施設の非常勤職員の仕事以外にも刺青の彫り師の仕事にも弟子入りしていたのだが、師は「ドラッグを使用している可能性が濃厚だ」と判断して男を破門していた。この男は彫り師にも「重度障害者は抹殺すべき」という持論を語っていたのだが、その持論は、この男が衆議院議長・大島理森《ただもり》氏の元を訪れて渡した手書きの手紙によっても明らかにされている。ちなみに、この手紙には冒頭からこのように書かれていた。

「私は障害者総勢四七〇名を抹殺することができます」

ちなみに、男がこの狂気に満ちた手紙を衆議院議長の大島理森氏に渡そうと思っていたのは、この男が「重度障害者を安楽死すべき」というのを大島理森氏に支援してもらうつもりだったからだ。

『日本国と世界平和の為に何卒よろしくお願い致します。想像を絶する激務の中大変恐縮ではございますが、安倍晋三様にご相談頂けることを切に願っております』

『私が人類の為にできることを真剣に考えた答えでございます。衆議院議長大島理森様、どうか愛する日本国、全人類の為にお力添え頂けないでしょうか。何卒よろしくお願い致します』

　こんなものを国会議員に送りつけるというのは、まさに狂気である。しかし、この男は手紙の中でこのように持論を進める。

『私は障害者総勢四七〇名を抹殺することができます。常軌を逸する発言であることは重々理解しております。しかし、保護者の疲れきった表情、施設で働いている職員の生気の欠けた瞳、日本国と世界の為と思い居ても立っても居られずに本日行動に移した次第であります。理由は世界経済の活性化、本格的な第三次世界大戦を未然に防ぐことができるかもしれないと考えたからです』

『障害者は人間としてではなく、動物として生活を過しております。車イスに一生縛られている気の毒な利用者も多く存在し、保護者が絶縁状態にあることも珍しくありません。私の目標は重複障害者の方が家庭内での生活、及び社会的活動が極めて困難な場合、保護者の同意を得て安楽死できる世界です。重複障害者に対する命のあり方は未だに答えが見つかっていない所だと考えました。障害者は不幸を作ることしかできません』

　支離滅裂だ。男はそれが常軌を逸する発言であることを認めながら、保護者の同意を得て安楽死できる世界にすることは「本格的な第三次世界大戦を未然に防ぐかもしれない」

とも言う。

　障害者を抹殺すると言って、唐突に「世界経済の活性化」だとか「本格的な第三次世界大戦を未然に防ぐため」というのだから、この男の頭の中はなにかしらの異様な妄想が詰まっていることが分かる。妄想でなければ錯乱だ。実はこの手紙には奇妙な飛躍や文章が散見されている。

『外見はとても大切なことに気づき、容姿に自信が無い為、美容整形を行います。進化の先にある大きい瞳、小さい顔、宇宙人が代表するイメージ。それらを実現しております。私はＵＦＯを二回見たことがあります。未来人なのかも知れません』

　さらに、この手紙には犯行計画も書かれていた。以下のようなものだ。

『見守り職員は結束バンドで身動き、外部との連絡をとれなくします。職員は絶対に傷つけず、速やかに作戦を実行します。二つの園二六〇名を抹殺した後は自首します。作戦を実行するに私からはいくつかのご要望がございます。逮捕後の監禁は最長で2年までとし、その後は自由な人生を送らせて下さい。心神喪失による無罪。新しい名前（伊黒崇）、本籍、運転免許証等の生活に必要な書類、美容整形による一般社会への擬態。金銭的支援五億円。これらを確約して頂ければと考えております』

　手紙の冒頭には「障害者総勢四七〇名を抹殺」と書いているのに、後半ではいつの間にか「二六〇名を抹殺した後は自首」という話になっていて整合性が取れていないのが分かる。整合性がないと言えば、他にも「重度障害者の安楽死」というテーマとはまるっきり関係のない医療用マリファナの話やパチンコの話やフリーメーソンの話などが、延々と書かれていていた。全体を通して読むと、妄想と錯乱が混じっていて支離滅裂なのである。

男は、当初は衆議院議長の確約が取れてから実行しようと考えていたようだが、それを前倒しにしたのは「暴力団が自分を狙っている」と思い込んだからだ。ここにも妄想と現実の区別がついていない状況が見える。

「誰かが自分を狙っている」という妄想はドラッグ依存者に多い症状でもある。もともと思い込みの激しい性格がアルコールやドラッグで強化されて、強固で自分勝手な思い込みが妄想と錯乱を生み、それが悲惨な事件を引き起こしたとも言える。

ここでも私たちが気づかなければならないのは、ここでも弱い存在に対して気遣う感情が完全に欠如している男が事件を起こしているという点である。やはり、「自分にとって要らないもの、目ざわりなものは抹殺してしまいたい」という荒廃した心象風景が浮き彫りになっている。彼にとっては「障害者の命なんかどうでもいい」のだ。それが、この事件の特徴でもある。

ホームレスの命はどうでもいい。

子供の命はどうでもいい。

障害者の命はどうでもいい。

こうした心理が社会の裏側で広がっている。そして、それがひとつの共通認識になりつつあるように見える。障害者を大量殺戮した二十六歳の男は断罪されるべきだが、しかしここでも恐ろしい現象が起きている。この男がやったことは正しいと考える若者たちが、ファンクラブを作ったりして、この殺人を肯定・賛美する姿が生まれたのである。うまく生きることができず「負け犬」に落とされ、社会から孤立してしまった者が大きな不満と閉塞感を抱えて、いつしか激しい〝怒り〟を持って社会を見つめるようになっているのだろうか。

怒りが自分に向くと自殺になる。

怒りが他人に向くと殺傷事件になる。

自分が負け犬であることを認識した者が激しい〝怒り〟を持ったとき、地獄のような光景が生まれてくる。

† 大量殺人・衝動殺人に走る姿が日常化？

社会から孤立した「負け犬」が激しい怒りを持ち、自分にも他人にも怒りの対象が向くと、ついに「他人を巻き込んだ壮絶な自殺」へとつながる。その典型的な例が、二〇二一年十二月十七日に起きた大阪市北区曽根崎新地の心療内科クリニック「西梅田こころとからだのクリニック」の放火事件だったと思う。

この事件では、クリニックの患者ら男女二十七人が心肺停止状態で救急搬送、二十五人が死亡するという最悪の結末となった。ほとんどの被害者は一酸化炭素中毒であった。

犯人の男は八階建てビルの四階にあるクリニックで、ガソリンが入った紙袋を二つ蹴り倒して中身を流出させ、しゃがんで持参したライターに火をつけて現場を一瞬にして阿鼻叫喚の地獄にした。このクリニックには奥に出入口がなく、入口が火に包まれたら中にいた医師や患者たちは逃げ場がないことを知っていた。すなわち、全員を殺せることをしっかり計画して行った犯罪だった。そして、自分もまた火と煙に包まれて死んでいったのだった。最初から死ぬ気だったのだ。

犯人は六十一歳の男だった。この心療内科クリニックの受診者でアルコール依存を診てもらっていたが、酒癖の悪さが治らなかった。この男は実の父や兄とも疎遠になっていたのだが、それはアルコールを飲んだら声を荒げたりするような一面があったからでもある。

断酒のためのカウンセリングを受けて薬をもらっていたが効き目はなかった。

彼は東日本大震災が起きていた年である二〇一一年に元家族を殺害しようとして長男を包丁で刺して逮捕、服役していた人物であった。出所後は大人しくて「根は良い人」という評価だったが、頑固で短気な側面があった。人間関係の構築も得意ではなく、家も仕事も転々として生きていた。腕利きの板金工として仕事に打ち込んでいた時期もあったが、その後は職を転々として競馬に金を注ぎ込み、犯行前は仕事をほとんどしていなかった。

人間関係の破綻。

前科。

アルコール依存。

ギャンブルによる経済苦。

落ちるべくして男は「負け犬」になり、そして「他人を巻き込んだ壮絶な自殺」に向かって突っ走っていった。大阪市内にあった男の住宅からは「京都アニメーション」の事件に関する記事の切り抜きが見つかっていた。さらに他の放火事件の記事や、「大量殺人」だとか「放火殺人」と書かれた切れ端も残されていた。

通称「京アニ事件」と呼ばれるこの事件は、二〇一九年七月に起きた事件で、七十一人が死傷するという戦後最悪の放火事件だった。「京アニ事件」を取り上げた新聞記事は二〇二一年七月のものであったが、男はわざわざそれを切り抜いて保管していた。「大量殺人」という紙もあったというのは、「同じことをしてやる」という強烈な意思があったからに他ならない。

新聞記事の日付けから逆算すると、男は五ヶ月前からはすでに犯行を思い浮かべていた。ガソリンは十一月に近所のガソリンスタンドで十リットル購入していた。

この時は本人名義の身分証を出していたので、犯行のために自分の身を隠す意図はなかったことが分かる。それはすなわち、十一月の時点で「火をつけて自分も一緒に死ぬ」ことを計画していたということでもある。さらに男は催涙スプレーも持っていた。犯行が止められるような事態もシミュレーションしていたのだ。

当日は大阪市西淀川区姫島の三階建て民家の二階部分を燃やして、阪神電車の姫島駅から梅田に向かい、そこから自転車に乗って現場のクリニックに向かっている。実は犯行の前日に、非常階段に粘着テープを貼って消火栓も使えないようにしていたということなので、本気で大量殺人を狙っていた。

ただ、なぜ男がクリニックを犯行現場に選んだのかはよく分かっていない。私怨だったのか、それとも「犯行に適した場所だ」と思って選んだのか。男はこの部分はなにも理由を残さずに死んでいった。

この男は今の社会でうまく生きていけない性格であった。

アルコール依存でうつ病気味で被害妄想もあり、自分がこうなったのはすべて「他人のせい」だという意識で生きていた。

父や兄とうまくいかなかったのは本人のアルコール依存が原因だったが、男はそれを父や兄のせいにした。家族とうまくいかなかったのも自分のせいではなく、家族のせいにしていたことを男の知人は語っている。

それはアルコール依存者特有の被害妄想から来ているのかもしれないし、本来の性格だったかもしれない。いずれにしても、うまくいかない人生を他人に責任転嫁するしかないような心境であったようだ。男の知人は、この男がしばしば問題を他人のせいにして現実逃避していたと語っている。

社会に対する「恨み」があったのだ。

だからこそ、二〇一九年に起きた「京アニ事件」に引き寄せられ、建物内でガソリンをまいて火を付けたら大量殺人できるという「現実」に引き寄せられていったのだろう。この事件はまぎれもなく京アニ事件の模倣である。なにも持たない男、前科もあってアルコール依存で社会からも見捨てられて将来などなにもない「負け犬」が、社会に報復して自分の存在を誇示するには、大量殺人がうってつけであると京アニ事件を調べる中で考えたのだろうか。

そんな中でどん底の人たちはふつふつと社会に対する憎しみ、成功者に対する憎しみを暮らせている。とすれば、これからなにが起こるのか誰もが理解できるはずだ。どん底に落ちた人たちが、社会に恨みを持ち、復讐心を抱き、大量殺人・衝動殺人に走る姿が日常化するのである。

日本は銃がないので大量殺人はナイフで切りつけるしかないと思われていたが、すでにどん底の人間たちは「狭い空間でガソリンをまいて火をつければ効率的に大量に人を殺せる」と学んだ。

ガソリンが大量殺人の最適解だと彼らは理解し、手口を共有化した。これからはガソリンをまいて火をつける大量殺人も増えるかもしれない。建物だけでなく、満員電車で事件を起こす人間も出てくるかもしれない。満員電車でガソリンをまかれて火をつけられたら逃げられない。社会が荒廃していく中、私たちは一瞬にして巻き込まれて死ぬ可能性がある。そのような空気感が徐々に醸成されている。

負け犬が社会に牙をむき始めるのである。

第七章　ジョーカーたちの群れ

† 幸せそうな人を見ると殺したくなる

二〇二一年八月六日二〇時頃、小田急小田原線の電車内で三十六歳の男が突如として刃物を取り出して、女性を切りつけ始めた。男は先頭車両からどんどん車両を移動して、男を殴ったりしながら移動した。

狭い電車内で人々が逃げることができないのを見計らって男は犯行を行っていた。複数の乗客が刺されて、電車内はパニック状態に陥って逃げ惑う。途中で刃物の柄の部分が折れたので、男は今度はサラダ油を取り出して周囲にまいて、火をつけようとした。

しかし、うまくいかなかったので男は電車から脱出して外に逃走、祖師ヶ谷大蔵から四キロ先の北沢まで北上して、近くのファミリーマートに入って「逃げるのに疲れた」と言って警察を呼んでもらい、現場で逮捕されている。

この日の昼、この男は新宿にいたのだが、そこで万引きして女性店員に一一〇番通報されている。結局、男は万引きした商品を買い取ることでこの日は解放された。警察に自宅である神奈川県川崎市多摩区西生田のアパートに送られている。

しかし、男はアパートでじっとしていなかった。自分を通報した女性店員に恨みを抱き、「殺してやる」と考えて刃物（牛刀）を持って再び新宿に向かって店に舞い戻ったのである。ところが、店は閉まっていた。そこで男は計画変更し、小田急線で無差別殺人を行う決意をして電車に乗り込んだのだった。

この男は三十六歳で川崎の安アパート暮らし、仕事は非正規雇用でコンビニのアルバイトやパン工場などで仕事を転々としていた。男が最初に襲ったのは、二十歳の女子大生だがその理由も「勝ち組っぽい服装だったから」である。

本気で「華のある女性」に恨みを抱いていたというのが分かる。三十六歳になって安アパートでアルバイトみたいな仕事をしていた男にとって、華やかできらびやかで人生のもっとも楽しい時期を生きている若い女性はもう「手に入らない存在」だ。三十歳になってから、そうした女性に対して腹立たしさを感じるようになり、それがいつしか憎悪に転化していったのだった。

しかし、男は貧困家庭の底辺の育ちではない。

幼い頃から世田谷区に住んで、世田谷区の小中学校を卒業し、都立大付属高校から中央大学の理工学部に入って、テニスサークルに所属していた。この経歴を見ると、驚いたことに男はれっきとした「勝ち組」なのである。

学生時代はナンパに明け暮れていたという同級生の話もある。このまま大学を卒業していれば、男は非正規雇用どころか、どこかの一流企業で大きな仕事を任されるような人材になっていただろう。ところが、彼は大学を中退して以後は職を転々として落ちぶれていくことになる。

三十歳になった頃から「勝ち組の女性を殺したい」と思うようになったということなので、二十代の中盤から後半はこの男にとっては転落の人生だったというのが分かる。うまく生きることができなかった男が、鬱屈した気持ちを募らせていたのだ。

『大学時代にサークル活動で女性から見下され、出会い系サイトで知り合った女性ともうまくいかず、勝ち組の女性を殺したいと考えるようになった』

『俺はクソみたいな人生を送っているのに、幸せそうな人を見ると殺したくなる』

男はこのように語っている。

こうした発言から見えるこの男の心理の中心になっているのは、まさに「挫折感」であることが読み取れる。

本当は自分も勝ち組に行けたはずなのに、そこから転がり落ちた人間が持つ屈折した危険な感情……。それが、挫折感である。

どうにも這い上がれない人生を淡々と生きて、毎日つまらない仕事をして、キラキラした女と付き合うこともできず、なにをやってもうまくいかない。そんな中で、どんどん年を取って成功からかけ離れていく。

「本当は俺もうまいことやれたはずなのに」「本当の俺は上にいけたのに」「俺は底辺でくすぶっている人間じゃないのに」「自分は良い会社に入って良い仕事を得て良い女と結婚

して幸せになれたのに、現実は安アパートでアルバイトだ」……。そうした感情が渦巻いていたのだろう。

　最初からどん底の人生を這い回っている人間は、生まれながらにして「持たざる人生」が当たり前なので、どん底を這い回ってもあまり「上の世界」を生きている人間たちと自分を対比しても現実感がない。文字通り「世界が違う」ので、比較対象にならない。

　もちろん、金持ち連中が「うまいことやってる」という嫉妬心はあるのだが、自分がそこに行ける道筋など最初からないので挫折感は強くない。しかし、この男のように世田谷区みたいな勝ち組を目にしやすいエリアで、自分もそれなりの大学に入って「勝ち組」になろうとしていた人間にとっては、「上の世界」は手が届くところだったのだ。

　彼はそこから転がり落ちた。勝ち組になれるはずだったのに、どん底まで堕ちて「クソみたいな人生」を送るしかなくなった。

　年齢がいけばいくほど、女性は誰も相手にしてくれないようになる。三十六歳になってコンビニやパン工場で非正規のアルバイト稼業をしている男は「負け犬」であることが確定したかのようになって、女性たちから見捨てられる。

「出会い系サイトで知り合った女性ともうまくいかない」と男は語っている。出会い系サイトでどういう女性を捜し求めていたのか知らないが、もし結婚相手を探していたのであれば、たしかに厳しい結果が待っていただろう。

当たり前だが、底辺の仕事を転々として生活能力がなさそうな男と一緒になりたいと思うような女性はなかなかいない。多くの女性はさすがにきちんとした仕事に就いてそれなりの稼ぎがある男性を求める。この男は相手にもされなかったはずだ。

若ければ這い上がれたかもしれない。しかし、三十代に入っても相変わらず底辺のバイトを転々としていた彼は、すでに「負け犬」であることが確定していたのである。

もう、世田谷区で暮らしてそれなりの大学に行って「勝ち組」になりかけた瞬間は遠くに過ぎ去って、永遠に這い上がれない。これは彼にとっては強烈なまでの挫折感だったに違いない。その挫折の深さは、そのまま成功を駆け上がろうとしている勝ち組の女たちに対する〝怒り〟となって蓄積していったのではないか。

この社会に対する〝怒り〟の感情はすでに若者たちに共有されている。

つまり、屈折した感情を持って、勝ち組や成功者に強い恨みや憎悪を持って見つめている若者が他にも大勢いる。「幸せそうな人を殺したい」と思う人間がじっと社会の底辺で機会を窺っているのは確かなのである。

社会が貧困化していき、人々が経済的にも精神的にも追い詰められていくと、自暴自棄になった人の一部が自分も逮捕されたり死んだりする覚悟で事件を起こし始めるのだ。日本社会の中で、そうした不気味な動きが胎動しているのが見て取れる。

ちなみに、この事件を引き起こした男は、二〇二三年七月十四日、懲役十九年の判決を言い渡されている。「まったく関係のない他人に無差別に危害を加えた身勝手な動機に、くむべき点はない」と東京地方裁判所の裁判長は厳しく述べた。

†　這い上がれない人間が最後に辿り着く世界

十一月二十二日には、小田急線の切りつけ事件に触発されて今度は二十五歳の男が京王線で同じような事件を起こして逮捕された。仕事では失敗し、友人関係もうまくいかず、「自分では死ねないので大量殺人して死刑になろうと思った」と犯人は供述した。

折しも巷《ちまた》では映画『JOKER（ジョーカー）』が話題をさらっていた。

この男はジョーカーの恰好をして犯行に及んでいたので、この事件は「ジョーカー事件」と言われるようになった。

私はここしばらくまったく映画を見ていなかったが、この事件のあとにこの映画だけは観ておくべきだと考えて久しぶりに映画を観た。世間ではこの映画を「傑作」だと評価しているが、私も異論はない。久しぶりに見たこの映画は、私にとって強い印象に残る映画となった。この映画は、社会でうまく生きていくことができず、貧困から這い上がることができない人間の「社会に対する復讐」の映画だったのである。

社会に無視され、誰からも評価されず、まじめに生きても叩きのめされるだけのハンディを負った人間が、自らを嘲笑して暴力を振るう相手を撃ち殺してから世界観が変わっていく。這い上がれなかった人間が、荒廃した社会の象徴となっていく……。

この映画は「架空の街」であるという設定なのだが、誰もが観て感じるように、これはアメリカのニューヨークがベースにあるのは間違いない。

アメリカは弱肉強食の資本主義が極限まで極まった国であり、成功者は莫大な富が得られる反面、負け犬《ルーザー》はどん底にまで叩き落とされて極度の貧困にあえぐしかないような二極分化した社会である。誰でも成功をつかむことができる可能性はあるが、誰もが叩き落とされて這い上がれなくなる。

勘違いしてはいけないのは、ここで言う二極分化とは、五十％で分かれる二極分化ではない。「一％の富裕層と九十九％の貧困層」という言葉があるように、ごく少数の成功者と莫大な負け犬に分かれる二極分化社会である。分かりやすく言えば、九十九％は貧困層になっていくのが弱肉強食の資本主義のリアルな世界がアメリカなのだ。

だから、資本主義が進めば進むほど街は清潔でクリーンになっていくのではなく、荒廃して不潔で危険な世界になっていくのである。映画でも冒頭で放置されたゴミが街を汚染している光景が描かれているのだが、これは弱肉強食の資本主義を象徴している印象的なシーンである。

　こうした中で、映画の主人公は日々を生きていくのが精一杯で、ボロボロのアパートで精神を病んだ妄想癖のある母親と一緒に細々と暮らしている救いのない姿が丹念に描かれる。

　社会に対する怒りを抱きながらもまじめに生きていこうと悪戦苦闘するが、状況は悪化していく一方である。そんな中で、「電車の中」で殺人を犯すのだが、皮肉なことに、それを転機にして主人公の人生は展望が開けていく。善悪を超越することで主人公は、注目されるべき人物へと成り上がっていく。

　十一月二十二日に京王線の「電車の中」で死傷事件を起こして火を付けて電車を燃やした二十五歳の男は、犯罪の現場に映画と同じくJOKER（ジョーカー）の恰好をして犯行のあともタバコを吸って悠然としていた。

　映画でも主人公がひたすらタバコを吸っているのだが、映画を観て改めてこの事件を振り返ってみると、二十五歳の日本人の「負け犬」に映画が与えた影響は少なくないことに気づく。いろんな事情があって社会の底辺に転がり落ちる若者たちは、そこで這い上がれないことに気づくと、しだいに今の社会に対する言いようのない憤怒や鬱屈を募らせることになっていく。

なんとかうまくやろうと思えば思うほど人生が駄目になっていく。負け犬であることを意識するしかない。そうなると次になにが生まれるのかというと、映画のセリフでもあったように「このクソみたいな社会」に対する激しい恨みである。

社会を憎むようになる。社会を憎悪して破壊したい衝動を持つようになる。自分をこんな惨めな人生に追いやった社会に「復讐心」を持つようになる。社会に対する復讐を遂げようと思ったとき、無差別の殺人が彼らの頭に閃くことになる。

社会を混乱させ、破壊するためには「無差別」に誰かを殺すのがてっとり早い。無差別であることで社会を構成している全員に恐怖心を与えることができる。社会の敵となることで社会そのものを激震させることができる。

弱い者、無抵抗な者、まじめな者、成功している者を襲って社会を破壊する。そのような衝動が生まれる。小田急線の切りつけ事件の犯人の方は「幸せそうな女性を見ると殺してやりたい」と述べたが、まさに自分とは違って「今の社会でうまくやっている人間」が憎いのである。

私たちが生きているのは「弱肉強食の資本主義」だ。社会はますます負け犬を蹴落とすような社会へと変質している。成功者が負け犬を見下し、負け犬が社会を憎悪する世界が生まれている。

日本でもそうなのだ。

若者のインフルエンサーを気取った男が「ホームレスの命よりも猫の方が大事」と弱者を公然と見下し、自分を批判してくる相手に「俺はお前よりも稼いでいる」とマウントする言動は、まさに成功者が負け犬を見下している醜悪な姿の典型でもある。

こうした成功者がいるのだから、いずれはこうした成功者に対して激しい憎悪を抱く負け犬が誕生して、殺害の標的にする土壌が少しずつ生まれているのだ。負け犬が成功者を叩きのめすのは、肉体言語（暴力）の行使なのだからこれは当然のことである。

這い上がれない人間が最後に辿り着くのは善悪を超越した暴力世界だ。

だから、今の弱肉強食の資本主義が進めば進むほど暴力世界になっていく。なにも持たない人間が「暴力の行使こそ成り上がりの方法」と気づくのはそんなに遠い話ではない。

どん底の人間を公然と嘲笑するタイプの人間が、いずれは血まみれになって吊し上げられるような社会がやってくるのではないか。二極分化によって相互憎悪が増殖しているのだから、そういう社会にならない方が驚きである。

どん底を這って絶望にまみれて生きている人間の復讐心が育っている。

映画『JOKER（ジョーカー）』は、こうした復讐心を隠れたテーマにした作品であり、この作品に感化されて実際に日本でも犯罪を引き起こした若者が出ているのだから、好き嫌いはともかく重要な映画になったのは間違いない。

　ちなみに、ジョーカーの格好をして京王線で切りつけや放火を起こした男は二〇二三年七月三十一日に懲役二十三年の判決が下されていた。小田急線で切りつけ事件を引き起こした男は懲役十九年だったが、裁判長は「公共の危険が発生する可能性をはらむもので非常に悪質」と述べて、それよりも悪質だという判断を下したのだった。

　ただ、本人は「自分では死ねないので大量殺人して死刑になろうと思った」と言っているのだから、死刑にならなかったのは本人にとっては誤算だったのかもしれない。

　この判決が出た翌日、元葛飾区議で右翼政党『日本国民党』の代表をやっている鈴木信行氏の事務所にいたので、良い機会だと思って、この事件のことや、最近の日本の暗部で起こっているジョーカータイプの事件のことなどを聞いてみた。

　鈴木代表はこのように述べる。

「この京王線の事件の犯人は、事件を起こして自分が助かりたいってことじゃなくて、殺したいから殺して刑務所に入って後は死刑にしてくれっていうような、そういう望みですもんね。このまま生きてても、自分は希望もなにもない。そう思っていた」

「そうですね」

「希望というのはなにかと言ったら、一番簡単に言えば、良い仕事にあるとかね、人生に先に希望があるとか、そういうものですよ。犯人はそれがなかった」

　鈴木代表はしみじみとそう言った。

「僕は朝に鏡に見ると、今日も良いことあるって言うふうに鏡にいつも言ってますけど、でもそう思うこともできない若者もいて、病んでいくわけじゃないですか。若くて、たとえば良い大学出て良い就職できないからって言って、病んじゃう人もいる。大学の借金して返すのも、こんな時代じゃ、たいへんですよ。そういうのもあって、希望を持つのは難しい時代になっているんじゃないかと思いますね」

「鈴木代表は右翼団体の長ですが、こういう団体を率いていると今まで問題ある若者とも多く関わってきたと思いますが、昔と今とは違いますか？」

「昔は、そんなことやったら捕まるだろうって言うようなことをやる奴は、やっぱり分かりやすいほどの不良少年だったわけです。現金が目の前にあったから盗っちゃった、置いとく方が悪いよねって言う。あと、頭きたから人を刺したとか。そういう奴って、やっぱりおかしかったんだけど、でも彼らって特殊だったわけです。まああこいつはヤクザになって当たり前だなと。そういう奴が事件起こしていた」

「そうですね」

「でも今のそういう若者たちって、そういう僕らの時の若い時のおかしい奴とは違うんですよ、明らかに。じゃあそいつらだけがおかしいのかと言ったら、社会全体が病んでる。

闇と言うかね、アンダーグラウンドの社会ができちゃってる。これは、ひとつの社会現象ですよね」

「そうですね。たしかに社会現象です」

「貧困層も一二〇〇万人と言う数字になってきたから、こういうものが生まれてきたというのもあるかもしれないね。一億中流社会の平成の頭くらいまでだったら、事件を起こすような若者がいたとしても、ほんの一握りだったわけです。今は次々と不良でもない若者が次々と事件を起こしている。だから社会現象なんですよ」

　それから鈴木代表はこのように言葉をつないだ。

「彼らは増えますね。増殖しますよ……」

　這い上がれない人間が最後に暴力に行きつく。そうした若者が増殖する、というのが鈴木代表の心の裡《うち》であった。私もそれに同調した。すでに、日本のアンダーグラウンドでは大きなうねりが起きている。それがある以上、彼らが増殖するのは避けられない。

　日本政府は対応できるのだろうか？

† 犬としてのプライドすらないのが日本？

日本社会の中で、これからは『ジョーカー』が増えていくのではないかと二〇二二年に著書の中で述べていたアナリストがいる。森永康平氏である。『スタグフレーションの時代（宝島社新書）』の中で森永氏はこのように書いていた。

『失業率が高まると自殺者数も増えるという長期データを紹介したが、このまま格差が広がっていき、生活困窮者が増えれば、自殺者だけでなく、いわゆるジョーカーが大量に現れることになるだろう』

まさに慧眼である。

森永氏は私が信頼しているアナリストのひとりだが、なぜ信頼しているのかというと、データに基づく精緻な分析ができるだけでなく、リアルな現場主義で肌でも日本の現状を知ろうと動いているからだ。たとえば、森永氏はエネルギー問題を語るときなどはデータだけでなく、遠い場所であってもきちんと現場を確認しに行く。

「先日も火力発電の現場を視察に行ったら、森永さんみたいに現場に来たいって言う人いない。面倒だから誰も来ないんですよ」と言われたという。手間のかかる現場のリアルを知るということを森永氏はきちんとやる。

森永康平氏が尋常ではないアナリストであるのは、彼は地下格闘技にもセコンドや選手として関わっていて、半グレと文字通り「殴り合い」をしながらアナリストの仕事もしていることを見ても分かる。半グレの巣の中に飛び込み、地下格闘技で半グレと殴り合う経済評論家なんて、日本どころか世界でも唯一無二の存在である。なぜ、彼がそこまでするのかは理由がある。

「やっぱり知っておきたいんですよ、彼らのことを。経済の専門家というのは経済のデータだけを見てもデータだけじゃリアルが見えない。別に他の経済評論家を非難するわけじゃないですけど、僕個人としてはおもしろくない。専門家たちは物価とか金利とかしか言わないし、それはそれでいいんだけれど、やっぱりデータに出てこないリアルな部分も知っておく必要があるわけです。たとえば、社会の下の部分についてはデータでは補足できないものがあります。地下経済という規模には至っていないけど、そういうのが存在するわけです。そのリアルを知りたいとなったら、僕はグレようとは思わないですけど、彼らと接点を持って彼らがなにを考えているのかも聞いてみたい」

「なるほど。接点を持ってリアルな世界を把握したいと……」

「普通、僕みたいな人間は半グレの世界には入り込めない。入り込むとしたら身体で拳を交えて仲間になるしかない。それで現場を知る。リアルを知る。リアルを知るというのは強いんですよ。たとえば経済評論家が若者の貧困を語るとしても、あなたはそのリアルな現場を見たんですかと聞いて、いや見てないとなったらもうおしまいじゃないですか。見てないのに言ってるんですか、みたいな感じになる」

　ここまでしてリアルにこだわる経済アナリストというのは前代未聞ではないだろうか。それゆえに彼のことは信頼しているのだが、その森永康平氏もまた現在とても日本の未来を憂いている。格差の拡大と治安の悪化と貧困を止められない政治家に対して、彼の口調からは底なしの怒りすらも感じ取れた。

「今の政治は増税路線に走っていますけど、たとえば消費税ひとつ取っても低所得者ほど負担が大きい。電気代とガス代が上がっていく中で、低所得だからと言って電気使わないわけにもいかない。結局、日常の生活費が高くなっていくと、低所得者ほどダメージがあるわけですよ。どれだけ暑くても、うちは貧乏だからエアコンはつけませんってわけにもいかない」

「今の政治はたしかに低所得者層を追い込むばかりですね」

「そうやって、間違った経済政策によって格差がどんどん広がっていく。それに今、岸田政権が外国人を入れようとしてますね。ただその外国人っていうのも、いわゆる超エリートで『ＭＢＡを取ってます』みたいな人たちじゃなくて、低賃金で頭数になる労働者ばかり入れようとしているじゃないですか。そうすると、若者たちはそこでオークションされるので、結局は給料は上がらないのにどんどん物価だけ上がっていって貧困化するわけですよ」
「間違いなくそうなっています」
「頭数になる労働者を入れてますけど、外国人がみんないい人なわけじゃないんで。ヨーロッパ見ればわかりますが、レイプされたりとか、強盗や殺人があったり、その国の治安が悪化していくじゃないですか。そして、治安が悪化すればするほど、それが普通なんだっていう世界観になる」

それを聞きながら私が即座に思ったのは、まさに映画『ジョーカー』で描かれた荒廃の街「ゴッサムシティ」であった。そこは失業者と犯罪者がうろつき、落書きまみれ、ゴミまみれの大都市だ。日本もジョーカー的な犯罪が広がるようになっている。社会の貧困化で若者がジョーカー化していく。さらに、安い労働力を求めて入れた外国人労働者もまた治安悪化の要因ともなりえる。その光景はまさにゴッサムシティではないか。

森永氏は「日本も今のままでは治安が極度に悪化してもおかしくない」と言う。

「よくある話が、治安の悪い街を治安が良い街にしようとするときに、意外と楽な方があるんですよ。その町の落書きを消す、というのもそうです。やっぱり落書きみたいなものをなくしていくことが、結果的な街全体のモラルを上げていく。でも今は逆じゃないすか。不良外国人がどんどん増えていくから、じゃ俺たち日本人だって好きにやっていいじゃないかとなって、どんどん悪化していく」

折しも、森永氏と会った日の十日ほど前にも電車内で切りつけ事件が起きていた。大阪府泉佐野市を走行中のＪＲ電車内で、三十七歳の男がいきなり暴れ出して乗客を次々と切りつけるという事件であった。この男は警察に「乗客と電車内でトラブルになった」と言うのだが、乗客は別に揉めたわけではない。この男が勝手に刃物を取り出して暴れていたのだ。

「この泉佐野市の事件の犯人の写真を見ましたけどね、別にこの男は、見た目からして半グレでもなんでもないわけです。この人がおかしいかどうかは、その場で見てもわからないと思う。これからは、この男のように一市民として社会にまぎれこんでいて、もう生きるのが嫌になったから誰か殺してやろうみたいな事件がめちゃくちゃ増えると思ってます」

「つまり、ジョーカーが次々と出てくる」

「ある日、普通にカフェとかにいた人間が急に暴れ出して刺すかもしれないし、急にガソリンをまいて火を付けるかもしれない。ある意味、なんの政治信条もないテロリストみたいなのが出てくると思います」

これもまたゴッサムシティそのままだ。

しかし、森永氏はこれが政治によって解決されるとは考えていないと述べる。

「高齢化した政治家は低所得者層を救おうとしているかというと、そうでもない。事件を起こしそうな若者についても、むしろ汚物として切り捨てようとしているわけです。今、政治を仕切ってる人たちって、治安の悪化を止めるモチベーションがないんですよ。なぜかと言うと、彼らは逃げ切れるんで。彼らの寿命はせいぜいあと十年とか二十年くらいなので、死んだ後のことなんかどうでもいいわけです。それじゃ、若い人が日本を変えられるかと言ったら、若い人も自分のことで精一杯なんで、自分の人生の時間削ってまで国を良くしようとかって思えない。そんな余裕はないわけです。そうすると誰が、この間違った政策を止めるんだっていうと、止める人がいないんじゃないか」

「今の日本政府では、もう止めようがない？」

「止めようあるのかもしれないですけど、止めるインセンティブが働く政治家っていないよねっていう話ですよね。要は、みんな自分を守るのに精いっぱいなんですよ。間違った政策が止まるんだったら、やってほしいですけど、今の政治家はそんなに気を遣う人とかいない。むしろ増税路線で格差をどんどん広げてるだけですね」

「日本政府は日本国民の言うことは、なにひとつ聞きませんからね」

「売国政権とかよく言われますけど、まさしくと思ってます。彼らの動きを見ればわかりますけど、国を思っているわけじゃないですからね。別に売国する気はないのかもしれないけど、やってることは残念ながらそうとしか取れないよね。財務省に首輪をつけられ、アメリカにも首輪をつけられ、最近は中国まで首輪をつけられてて、もう一ついたのが韓国の統一教会なわけです。首をつけられまくってる」

「四つも首輪をつけられてる」

「僕は最近よく言ってるのは、犬としてのプライドもないのかと……」

「犬としてのプライド、ですか？」

「犬がなんで人間のペットになったかというと、忠誠心が高いからじゃないですか。日本は首を四つもつけられてて、飼い主すらも不倫・浮気しまくってるような犬なわけですよ。犬の飼い主がアメリカだと言うんだったら、そうしろよと。四つの首輪を付けられている。犬以下じゃないかという話を僕はいつもしてるんですよ」

　森永氏は政治家のふがいなさに怒りを押し殺したように言った。

「僕は昔フィリピンで見た光景が日本でも起こりうるなと思ってます。お金持ちはタワーマンション住んでるんだけど、タワーマンションのまわりはすごい高い壁に囲まれてて子供たちは、バスで幼稚園行くみたいな光景です。そのバスを底辺の人たちがそれこそバイオハザードのゾンビみたいに取り囲んで……。フィリピンのマニラもスラムだらけですけど、昔住んでたインドネシアのジャカルタもスラムはいくつもあります。凶暴な事件も起こっています。じゃ、フィリピン人やインドネシア人がすごく残虐な民族かというと、全然そうじゃない。なんでそうなるのかというと、やっぱり彼らは格差の下の方で放置されてるからです。国籍とか宗教なんか関係ない。日本人はそうならないと考える人もいますが、あまりにも根拠が薄い。そうならないと思っているだけです」

犬にも劣る政治が続き、日本が貧困化し、スラムも生まれ、治安が悪化していく。日本があたかもゴッサムシティのようになっていく……。

「僕が経済政策をしっかりやろうよ、と言っているのは、僕も子供が三人いるからこそ思う気持ちなんです。自分の子供たちとか、さらにその子供たちがそんな世界に生きて欲しくないから、今いる大人がちゃんとやれよって言ってるだけであって、別に僕が経済学者だから言っているわけじゃない。しかし残念ながら、今は完全に悪いほうに行きつつある……」

政治経済から半グレの世界までリアルに接して日本を俯瞰する経済アナリストの見る日本の未来の光景は危機的なものだった。

第八章

先の見えない人生と暴発

† ドラッグに溺れるセックスワーカー

戦うアナリスト森永康平氏が言うように、日本でも〝ジョーカー〟が誕生して、彼らが次々と犯罪を引き起こすようになっていく可能性がある。ほとんどの日本人は「いや、日本は治安が良い国でそんなことにならない」と否定したくなるはずだ。

しかしその治安の良さは、未来の見えない閉塞感を持った若者たちが自暴自棄に達した時に打ち砕くようになるかもしれないのだ。人は自暴自棄に陥った時に、「自分の生きているこの世界をすべて壊して自分も破滅したい」と思うようになるからだ。犯罪とは程遠いところで生きていた人も犯罪者になる。

二〇一九年九月十六日、新宿のとあるネットカフェで放火事件を起こした男がいた。彼は日雇いのアルバイトの仕事を転々としており、事件当時は住居もなく、金もなく、事件の一週間ほど前から仕事も失って絶望し切っていた。

そしてこの日、個室ブースで雑誌やトイレットペーパーに火を付けて逃げた。幸いにしてこの放火事件では死者は出なかったが、火のまわりが早ければ店内にいた約十名が焼死していても不思議ではない火災であった。

彼はそれまで犯罪者でもなかったし、精神的に問題を持っていたわけでもなかった。事件を起こさなければ、社会の底辺で誰にも認知されない存在として終わっていただろう。

なぜ、突如として放火をしたのか。自暴自棄になっていたからだ。彼は警察に自首して「もう、どうでもよかった」と犯行の動機を述べた。「人を刺すか火をつけるか考えたが、火をつける方が簡単だと思ったので放火した」と述懐していた。まさに自暴自棄という感情が彼を突き動かしていたのである。

今の日本社会は、自暴自棄に陥る若者を大量に生み出している。

とすれば、どうなるのかは薄々と感じるはずだ。日本もまた外国と同じく、凶悪犯罪が蔓延して止まらない社会になっていくのだ。非正規雇用者増加で貧困層が激増して犯罪が増える。犯罪が増え続けていくと、社会が荒廃して負の連鎖が生まれ、もっと多くの犯罪が生み出される。世界の底辺部では、暴力と殺人とドラッグとレイプが吹き荒れているように、日本もいずれこれらの荒廃が広がっていく。

そうなった時は、未来に救いを持てない女性も大量生産されている。彼女たちも荒んだ社会に放り出されていくことになる。救いのない社会の中で、彼女たちも自暴自棄になって荒んだ生き方をしていく。

それを今、私たちは目撃している最中なのだ。

若い女性が〝死〟に引き込まれて死んでいく。そして、オーバードーズでゾンビになっている。自暴自棄になった彼女たちを慰めるのは愛ではなくドラッグだったのである。ドラッグは堕ちた人のひとときの慰めである。今は市販の薬でオーバードーズしているが、それはいずれマリファナや覚醒剤などになっていくだろう。

もうトー横界隈の一部がビジネスホテルや路上でマリファナをやっている。一例として挙げると、彼らにマリファナを流していたのは歌舞伎町を根城にする暴力団のふたりで、彼らは二〇二三年五月に十八歳のトー横キッズを脅したということで逮捕された。その逮捕されたうちのひとりは私もシネシティ広場で見たことがある。

さらに東京の歓楽街・歌舞伎町や大阪の歓楽街・兎我野町《とがのちょう》などで、日本人女性によるストリート売春も広がっている。「貧困が極まっていき、社会が荒廃していくと、ストリート売春をする女性が登場する」と言うのは、ひとつの社会現象として起こるべくして起こるのだ。

全世界でそうなのだから、貧困と荒廃が広がる日本でもそれが登場して当然だったのだ。そうであれば、今後は「ドラッグに溺れるセックスワーカー」という今までの日本にはないタイプの女性も現れるのは必至だろう。

実はこうした女性は私にとっては珍しい存在ではない。私はそうした女性を数十年、東南アジアの貧困地区で見てきた。一九八〇年代のタイでは貧困スラム街でセックスワーカーがシンナーを吸っていたし、一九九〇年以後は錠剤型の覚醒剤である「ヤーバー」がタイに広がって売春地帯を汚染していった。一九九〇年代後半のカンボジアでもヤーバーが広がっていたが、同時にエクスタシーのようなドラッグも蔓延していた。私の知り合いの女性もまたドラッグに依存している女性がいた。

　こうした「ドラッグに溺れるセックスワーカー」が大量に見かけるようになった頃、社会は弱者救済をあきらめているはずだ。「あそこまで堕ちたら終わりだから、放っておけばいい」と社会は彼らを見捨てるようになっていく。

　自暴自棄は彼らの容貌も変えていく。トー横キッズを食い物にしていた「ハウル・カラシニコフ」を自称していた男はタトゥーまみれだったのだが、彼だけでなく歓楽街でたむろしている若者はタトゥーを入れている若者が多い。社会のどん底の若者たちは〝無意識の自暴自棄〟で、男女関係なく自傷行為のひとつとしてタトゥーを普通に入れるようになっているのだ。それはもっと広がっていく。私の見てきたあちこちの国の貧困地帯の若者がそうだったのだから、日本もそうなると考えるのが自然だ。

　若い男性も若い女性も貧困化すればするほど、特異でエキセントリックな恰好をしたり目立つタトゥーを増やしたりする。若い男性も若い女性も貧困化すればするほど、特異でエキセントリックな恰好をしたり目立つタトゥーを増やしたりする。堕ちて這い上がれなくなると、今度は逆に開き直って堕ちた人間であることを誇示するようになっていくからそうなる。そうなると、表社会の人たちは彼女たちを「アンダーグラウンドの人」と見なして、関わらないように生きるようになる。

その結果、同じ国に生きていても社会が完全に分断する。

日本社会の中で生きる世界が分断していくと、自暴自棄になった若者たちがドラッグでフラフラになっていようが、路肩に倒れていようが、死んでいようが、近寄ることも通報することもなくなって無関心に通り過ぎていくようになっていく。

どういうことなのかというと、貧困が生み出した文化に染まってしまった人々は、表社会の人たちから「同じ人間」と見なされなくなって、人であるのにゴミと同一視されていくのだ。道ばたに転がっていてもゴミなので見向きもされなくなる。

どこの世界でもアンダーグラウンドは表社会とは分離されており、たとえばストリート売春する女性などは社会から爪弾きされて、彼女たちはやはり「社会のゴミ」と吐き捨てられている。日本社会が未来の見えない閉塞感に包まれてしまうのであれば、当然、同じような環境が生まれる。

アメリカは世界最大の先進国だが、激甚な競争社会であり、かつ格差先進国でもあるアメリカでは、レーガン大統領が「小さな政府」を志向するようになったあたりから貧困に堕ちてトレーラー暮らしをしているような堕ちた人々が増えた。

人種は関係ない。白人もいる。彼らは「白いゴミ（ホワイト・トラッシュ）」と呼ばれるようになっていくのだが、このホワイト・トラッシュという言い方そのものが「貧困層

＝ゴミ」という意識を如実に表しているのが分かるはずだ。

日本も「ジャパニーズ・トラッシュ」が今後、生まれてくるということである。彼らは「ゴミ」として認識されるのだから、社会の底辺で貧困死しようが、殺し合いをしようが、ドラッグ死して捨てられようが、見向きもされなくなっていく。

今のアメリカ社会でドラッグ依存に堕ちた人々が街でフラフラしていても誰もが放置しているのと同じ世界がやがて日本にもやってくる。「いや、落ちぶれたと言っても日本は先進国だからそんなことにならない」という人もいるのだが、楽観的な見解だ。

もう数年も前から、歌舞伎町のトー横界隈では若者たちが酒に酔ったりオーバードーズして地面に転がって寝ているのだが、通りすがりの人はちらりと彼らを見て興味なさそうに通り過ぎていくではないか。大きな粗大ゴミのように、倒れている若者を放置しているのである。

日本社会の中で生きる世界が分断していくと、自暴自棄になった若者たちがドラッグでフラフラになっていようが、路肩に倒れていようが、死んでいようが、近寄ることも通報することもなくなって無関心に通り過ぎていくようになっていく。

†　吉原ソープ殺人事件で犯人が語った動機

二〇二三年五月五日、東京のソープ街として名を馳せている吉原で殺人事件が発生していた。この日、私はたまたま吉原にいた。以前インタビューさせて頂いた元風俗嬢の写真家が、ゴールデンウィーク中に吉原にある遊郭専門の書籍を扱うカストリ書房で個展を開いているというので、見に行っている途中だった。

　カストリ書房に着くと、店主をしておられる渡辺豪氏が「二つ向こうの通りでなにかあったらしくて警察やらパトカーが山ほど来てた」と教えてくれた。慌てて見に行くと、すでに大勢の警官たちは撤去した後だったのだが、それでも何人かの警察官が残っていて現場検証の残務処理のようなものをやっていた。

　店の看板を見ると『夕月』という商号がかかっていた。この『夕月』の店内にも店外にも何人かの警察官が忙しくしているのが見えた。新聞記者も現場に居残っていて取材をしていたので声をかけて聞いてみると、どうやら三十代の男性がこの店のナンバーワンの女性を刺したらしいというのが分かった。女性の容体を聞くと、「亡くなったようです」と記者は声を潜めた。

「殺されてしまったのか……」

　そう思いながら、私は夕月の茶色のレンガ壁の建物を見上げたのだった。

吉原では過去にも何度かソープ嬢が殺されたり、自殺したりするような事件があったが、まさか私が吉原に来た日に殺人事件が起こるとは夢にも思わなかった。

ところで、この『夕月』だが、どのような店だったのだろう。現場を見た後に個展を開いている最中の元風俗嬢の写真家に聞くと「吉原の高級店です」と教えてくれた。

この店の価格は、一二〇分で六万七五〇〇円（税込）となっており、内訳は入浴料二万五〇〇〇円、サービス料四万円であった。かなり昔から営業しているソープランドの老舗で、どの女性を選んでも絶対にハズレはないと言われるほど信頼ある店だった。後でＳＮＳで見ると、たしかに絶賛しかない。接客の教育が行き届いており、男性客にとっては至れり尽くせりだったようだ。

もちろん、事件は営業中の出来事だったわけで、他にも接客を受けていた男性や待機していた男性が大勢いた。事件の発生を知って男たちがすぐに店を出られたはずもない。現場保全と現場検証のために身元確認やらに巻き込まれたとしたら、彼らもまた面倒な一日になってしまったに違いない。

女性は店内の個室で接客中にサバイバルナイフで首を切られ、腹を深く刺された。内臓にも達する傷で病院に運ばれてまもなく死亡した。男は自分の腹を刺して自殺を図っていた。しかし、傷は四センチほどの深さで生き残り、容体が回復した後に逮捕されている。

この男は三十二歳だったのだが、この店は高級店で主に金持ちが利用する店だったにもかかわらず、男は足立区に住む警備会社の契約社員の男で金持ちでもなんでもなかった。群馬県の出身で、ごく普通の青年だったのだが、高校卒業後に地元の日産自動車の下請け工場で勤務し、その後に上京して足立区に住み着いた。そこから東京で成り上がっていく人生を歩んだわけでもなく、ただ契約社員の仕事を続けながら細々と生きていた。そういう男だった。

犯行動機はなんだったのか。

男はこれまで何度か彼女を指名して入っていたのだが、「一月に予約ができないと言われた」というので、女性側から出禁（出入り禁止）を食らっていた。これによって、男は殺意を募らせていき、五月五日の犯行に至っている。

男は警察にこう供述していた。

『自分は先の見えない人生を送っていかなければいけないにもかかわらず、彼女は私の人生と相反してきらびやかな人生を送っていて、彼女を殺してその人生を奪ってやろうと思った』

先の見えない人生……。

彼は自分をそのように見ていたのだ。

それにしても、高級ソープに頻繁に通えるほどの高給をもらっているわけでもない男がよく吉原を利用していたと思うが、もちろんこの男はムリしていたのだ。

この男を知る別のソープ嬢は、ＳＮＳに『借金して風俗通ってて人生終わってる感じだったな』と書いている。彼女は『夕月』ではない吉原の別の大衆店に勤めていたということなのだが、その店でも「借金して風俗通っていた」のだった。

借金してソープランドに入り浸っていたとしたら、「自分は先の見えない人生を送っていかなければいけない」という言葉の切実さはより切迫して聞こえてくる。それは、間違いなく自滅の道でもあるからだ。

この男は出入りすべきではないところに出入りしていて、借金でやりくりするしかなかった。一方で、女性は男の金をどんどん吸い上げて、実にきらびやかに生きているように男には見えた。

たしかに彼女は美しく、ホスピタリティに優れていて、この男とは別世界のところで生きている。この殺された女性はＳＮＳで、高級な場所で自らの贅沢を誇示するような写真を載せていたのだが、ソープ嬢は普通の表社会の人間たちよりは収入が多いので、贅沢な場所や贅沢な衣装や贅沢なレストランに出入りして、「きらびやか」な写真を撮ることができる。

しかし、それは虚飾だったかもしれないのだ。

彼女たちも超濃厚接触と本音の感情を殺しながらの接客対応を強いられているわけで、

外観で見えるほどの「きらびやか」な人生を送れているのかどうか、その内面は誰にも分からない。

　ソープランドという仕事で、身も心も病んで消えていく女性も多い。彼女たちは外観ほど「きらびやか」に生きているわけではない。しかし、ソープランドに借金をして通っていた三十二歳の男は、そこに気がつかなかったようだ。


　この男が住んでいたのは東京都足立区関原二丁目である。足立区は地価も物価も結構安く東京の「二十三区格差」の中では下から二番目の二十二位となっている（一位は港区、二十三位は葛飾区）。そして、警備員の仕事の平均年収は調べてみると約三三八万円である。底辺ではないが、裕福になれるほどでもない。

　この警備会社の契約社員で、自ら「先の見えない人生」と自嘲する男が暮らすには足立区はそれなりの区であるとは言えるが、関原二丁目というのは地図を見るとなかなか興味深いことが分かる。実はかなり吉原に近いのである。この男は頻繁に吉原に通っていたようだが、その理由として「地理的に近かった」というのもあったのかもしれない。もしかして関原二丁目に居住したのは、吉原に通いたかったからなのかもしれない。そのように思わせるような場所であった。

　しかし、それほど満足に金のない男がソープランドのようなセックス産業に溺れるのであれば、その結末は輝かしいものになるはずがない。まして、借金して高級ソープで六万七五〇〇円も払っていたら生活困窮にまで追い込まれていくのは自明の理だ。

それでも女性に会えれば、まだ少しは幸せの妄想に浸ることもできたのかもしれない。ところが、恋人のように接してくれていた女性からは、出禁《できん》を食らって会うこともままならなくなってしまった。その瞬間、この男は「拒絶された」という事実と「借金」という現実だけがのしかかってきたということになる。

このソープランド『夕月』は恋人接客で有名な店であった。もしかしたら、この男は恋人接客で「自分だけは特別なのかもしれない」「本当に相思相愛かもしれない」という勘違いもあったのかもしれない。とすれば、男は相思相愛の女性に、容赦なく切り捨てられたということになる。

この男の言う「先の見えない人生」というのは、浮かび上がることができない契約社員という身分や、金持ちになれそうにないという人生に対する失望感だけでなく、美しい女性からの拒絶と、返済しなければならない借金といういくつもの絶望が重なったものだったというのが分かる。

いくら自分の人生に先が見えず、しかも恋人接客してもらっていた女性に出禁にされたと言っても、それで女性を殺して良いことにはならない。「彼女を殺してその人生を奪ってやろうと思った」というのはあまりにも傲慢である。

　ところで、彼の言う『自分は先の見えない人生を送っていかなければいけないにもかかわらず、彼女は私の人生と相反してきらびやかな人生を送っていて、彼女を殺してその人生を奪ってやろうと思った』という言葉に、デジャブーのような気持ちを持たないだろうか？　それは、二〇二一年八月六日に起きた「小田急線・無差別切りつけ事件」を思い起こさせる。この切りつけ事件は、コンビニのアルバイトやパン工場などで非正規雇用の仕事をしていた男が起こしたものだったが、この男はどう言っていたのか思い出して欲しい。

『俺はクソみたいな人生を送っているのに、幸せそうな人を見ると殺したくなる』

　そう言っていたはずだ。この事件は無差別の切りつけ事件ではあったが、男にはターゲットがあった。それが「勝ち組に見える女性」だったのである。「六年ほど前から幸せそうな女性を見ると殺してやりたいと思うようになった」と語り、切りつけた女性が死ななかったのを知ると「殺せなくて悔しかった」と述べた。

　どちらの男も、先の見えない自分の人生と、きらびやかな生き方をしているように見える女性を比較して恨みを募らせ、殺意にまで昇華し、そして実行した。ある意味、底辺の男が激しい恨みを「上の階層に見える女性」に復讐したとも言える。復讐感情《ルサンチマン》がマグマのように煮えたぎっているのが見える。

　上の階層に対する怒りは、これからもさまざまな事件を誘発していくようになっていく。

たとえば、政治家を狙ったテロもその一つになるだろう。政治家を狙ったテロが起こるというのは、終戦後からこれまでの日本では考えられなかった。

しかし、これからはどうだろう?

殺人事件が起きた日のソープランド『夕月』。犯人の男は、先の見えない自分の人生と、きらびやかな生き方をしているように見える女性を比較して恨みを募らせ、殺意にまで昇華し、そして実行した。。

† 安倍晋三元首相の暗殺現場

八月六日と言えば日本にとっては広島原爆が落ちた戦争の悲しい出来事があった日だったが、二〇二二年のこの日、私は安倍晋三元首相が銃撃された現場をそっと訪れていた。昼間から身体が重くなるような暑い日だったので、午後五時過ぎに行ったのだが、それでもこの日はうだるような暑い空気がずっと残っていた。現場となった近鉄の大和西大寺駅で降りると、じんわりと汗に包まれた。この駅は近鉄奈良駅から二つほど大阪側に戻った駅なのだが、安倍晋三元首相が撃たれるという事件がなければ、まったく話題にもならないような、なんの変哲もない地方の駅でもあった。

安倍晋三が撃たれたのは二〇二二年七月八日なので、私が訪れたのはほぼ一ヶ月経った頃だが、まだ私以外にもこの駅で降りる人がちらほらといた。大和西大寺駅の改札を出て北側に向かうと、階下に降りる場所はガラス張りになっているので、駅構内からロータリーを見ると、安倍元首相が撃たれた現場がよく見えた。現場はとても見晴らしが良い。

それもそうだ。安倍晋三氏が来るとなれば多くの聴衆がやってくる。場合によっては大群衆になるかもしれない。そうであれば、最初から見晴らしが良い場所を確保するわけで、大和西大寺駅ではそれが北口のあのロータリー前だったのだ。

駅を降りてロータリーを回って犯人が銃撃前に立っていた現場に立つ。ちょうど、その場所の前には交通整理の警備員がひとり佇《たたず》んでいたのだが、私が現場を見に来た人間だと知ると、「犯人が様子をうかがっていたのはそこですよ」と場所を指して教えてくれた。

そこから安倍晋三氏が演説をしている場所を見たが距離的には五メートルから六メートルほどで、もし犯人がメーカー製の銃ときちんとした射撃の腕があったら、恐らくそこからでも銃撃できていただろう。

この事件では警備の不備が取り沙汰された。ハンドメイドの精度の悪い銃で犯人が安倍晋三元首相に三メートル近くまで近づけたのだから「警備の不備」があったのは明白だ。しかし、仮に銃の訓練を受けた者が狙撃テロを引き起こすつもりでいたのであれば、この現場からは前からでも後からでも安倍晋三元首相を狙撃するのはたやすかったに違いない。

この現場だけではない。日本の政治家は誰でも「見晴らしの良い場所」に固定して演説をしているわけで、日本で銃撃テロが横行するようになったら、日本の政治家は選挙のたびに撃ち殺されるリスクがある。

警備はいくら強化しても聴衆が近い現場では、いつでも三六〇度どこからでも撃たれる可能性はあるし、爆発物を投げられる可能性もある。すべての政治家が鉄壁の警備体制を整えられるわけでもないので、「テロ社会」になったら政治家の活動は今のようなスタイルでは安全が望めないはずだ。

安倍元首相の献花台は私が訪れた時から二週間前に撤去されて、献花はもう禁止にされていた。それでも現場ではいくつかの花束が供えられていた。共同通信の新米の女性記者がずっと現場に張りついて立っていて、今も祈りを捧げに来る人たちの姿を写真に残していた。手を合わせて泣いている方もいた。

安倍元首相は左派からは激しく攻撃されてはいたが、気さくな性格で多くの庶民から慕われていた。純粋に安倍晋三氏の人柄が好きだという人も多かった。そうした安倍元首相の人柄が現場で祈る人の姿からも垣間見えた。

私もしばらく手を合わせて、安倍元首相のために祈った。


ところで、犯人は誰だったのか。

カルト宗教に金を根こそぎ奪われ、非正規雇用で職を転々としてうまく生きることができなかった当時四十一歳の男だった。

この男の父親はうつ病とアルコール依存に精神を蝕まれて自殺している。その後、残された彼の一家は実家を頼って暮らしていたのだが、家計を支えていた祖父が亡くなってから急激に貧困化していった。自殺した父親の保険金は母親が管理していたのだが、祖父が亡くなった後から韓国のカルト教団として知られている旧統一教会（世界平和統一家庭連合）にのめり込み、持っていた財産をすべて教団に寄付するようなことをするようになった。この貧困の中で彼の兄は自殺している。

彼は高校卒業後、専門学校に行き、二〇〇二年から三年間は海上自衛隊に所属しているのだが、以後は派遣で細々と暮らすような生き方をしていたのだった。その過程で、彼は旧統一教会に強い恨みを持つようになっていった。

母親が教団に財産を差し出したのは一九九〇年代の話なのだが、彼はカルト教団に家庭を壊されたことから人生にうまくスタートを切ることができず、底辺とも言える仕事を転々として生きて、二十年近く、ずっと社会の底辺を這い回っていた。

興味深いことに、彼が社会の底辺を這い回って生きていたこの時代は、折しも超就職氷河期と非正規雇用が広がった時期と完全に一致している。

この時代に社会に出た若者たちは「ロストジェネレーション」と呼ばれているのだが、彼はまさにこの世代のど真ん中であった。経済が停滞し、成長が失われ、雇用も消え、賃金も抑えられた中で、苦心惨憺の人生を歩んでいるのがこの世代である。バブル世代と違って、日本の景気の悪い時代しか知らず、常に社会に叩きのめされている。

つまり、彼の苦境は「家庭の不幸」と「時代の悪化」の両方で成り立っていた。ある意味、彼は逆風しかない人生だったと言える。もちろん、だからと言って元首相を狙撃して良い理由にはならないのだが、彼の生きてきた環境と社会は彼を追い詰めていくのに大きな役割を果たしていたというのは一考に値する事実でもある。

彼は元首相を狙撃するという事件を起こしたのだが、その性格はけっして凶暴でも粗暴でもなく、「むしろ大人しかった」と高校時代の同級生や職場の同僚が証言している。最初は自衛隊に入隊したのだが、三年で辞めている。以後は人材派遣会社に在籍し、犯行を起こす前までは京都府内の倉庫に派遣されて、フォークリフトで荷物を運ぶ仕事をしていた。職場の人間関係はうまく行っておらず、彼は同僚を避けて食事もひとりで車の中で取っていた。

低賃金の仕事で先が見えず、希望もなく、先の見えない鬱屈とした閉塞感と苦しみの中で、とうとう「教団と関係が深い」と言われていた日本の元首相である安倍晋三をターゲットにして復讐することを決意した。

彼もジョーカーになったのだ。

ちなみに、彼は二〇一九年十月四日に映画『ジョーカー』を観ていた。

「ジョーカーという真摯な絶望を汚す奴は許さない」というＳＮＳに書き込んだこともある。まぎれもなくジョーカーに共鳴していたのが分かる。

安倍晋三は「元」首相ではあったが、日本社会や日本の政治に強い影響力を持つ政治家であった。この政治家を殺害するというのは、家庭の不幸をもたらしたカルトに打撃を与えるという「個人的な復讐」だけでなく、自分を叩きのめしている「日本社会に対する復讐」であったとしても不思議ではない。

日本社会は三十年も停滞している。実質賃金も上がらない。政治家は日本を経済成長させる能力がまったく足りていない。政党も旧態依然としていて変わる要素がない。そんな中で平均年収一八六万円の貧困層が一二〇〇万人近くにも増えた。格差は広がっていき、一部の勝ち組が「稼げないのはお前らの能力が足りないから。自己責任」と嘲笑うようになってきた。そんな中で非正規雇用がどんどん増えていき、いったん社会のどん底に落ちてしまった人間にはとてつもなく這い上がるのが厳しい社会になっている。閉塞感が充満し、自暴自棄になり、社会に恨みを持つ人間が加速度的に増えた。

そして、映画『ジョーカー』は復讐心を持つ若者の触媒となった。今の社会に対して復讐感情《ルサンチマン》を燃えたぎらせている若者はいくらでもいる。

とすれば、形を変えて「次のジョーカー」が、抱えた個人的な理由を契機に社会に復讐を企てるのは時間の問題であるとも思える。貧困を解決できず、貧困層を増やし続けている日本社会は、自暴自棄になった人々を社会に復讐するジョーカーにしてしまうのだろう。次の事件はかならず起こるのだと私は確信している。

「いや、なにがあっても暴力はいけない」

「テロはもってのほかだ」

誰もがそう思う。しかし、「能力が足りない」とか「自己責任」だとか言われて放り出され、社会の底辺で復讐感情をぐつぐつと煮えたぎらせている〝ジョーカー〟にそんなことを言っても通用しない。ジョーカーは、道徳とは別の世界を育んでいるからだ。それが、どのような思考に基づいた世界なのかは、もはや説明するまでもない。暴力を正当化する思考であり、世界である。

安倍晋三元首相は殺されてしまったのだが、その衝撃が冷めやらぬ二〇二三年の四月十五日には、今度は岸田文雄首相の襲撃事件が和歌山県和歌山市の雑賀崎漁港で起こっていた。岸田首相は選挙遊説中で応援演説を行う予定だったが、その直前に聴衆の中から二十四歳の男が突如としてパイプ爆弾を投げつけたのだった。爆弾は首相の足元に転がったのだが、それに気づいた警護官がすぐにパイプ爆弾を排除して首相をかばった。

爆弾は排除された後に爆発した。しかし、幸いなことに爆発の規模は小さくて、軽傷の怪我人は出たが死傷者は出なかった。この二十四歳の男はその場で聴衆に取り囲まれて逮捕されることになった。

探偵事務所に所属し、テロや爆弾などの事件にも詳しい政治活動家は「このパイプ爆弾は自作のものだったのだが、もし手榴弾とか、落下した瞬間に衝撃で爆発するタイプのものであったら、岸田首相も間違いなく暗殺されていたか、ひどい重傷を負っていたはずだ」と断言する。

岸田首相は、単に運が良かっただけだったとも言える。

第九章　ルサンチマンの行く末

† ルサンチマンが爆発する

二〇二三年三月三十日、錦糸町。この日私は、あるリベラル野党の街宣の中にいた。この野党の党首がマイクを握って情熱的な口調で日本の現状を訴えるのを目の当たりにして聞いていた。彼を支持する熱狂する人々が押し寄せ、ぼんやりと立っている私を突き飛ばさんばかりに割り込み、誰もがスマートフォンを取り出して演説している党首をアイドル歌手のように撮っている。ある政治集会の熱い空間だった。

私はこの党の支持者ではない。しかし、党首の演説を目の前で見て、「日本を変えていこう！」という真摯《しんし》な呼びかけを聞くと、私も素直に共感を覚えた。主義主張は私とは違うものの、今の閉塞感に満ちた日本を変えていけるのであれば変えてほしいと一縷《いちる》の望みを抱いた。

しかし同時に私は、この熱い空間の中でひとり冷めていたかもしれない。

「日本を変える！」というのはいいが、それが果たして可能なのかひとりで疑問に思っていたのだ。「このように政治を変えればいい」「このように社会を変えればいい」「このように問題を解決すればいい」という素晴らしい意見は常々聞く。この三十年、そういう意見はずっと聞いてきた。だが、日本は停滞したままだったのだ。

では、これからは変えられるのだろうか？

私の参加したある討論番組で「日本はこれからどうなるのか？」と議論する場があったのだが、「日本はこれから良くなる」という意見もある中で、私は一貫して否定的な立場に終始した。

私自身は現実主義者なので、「これから日本が復活していく」のと「これから日本が凋落していく」のと、どちらの確率が高いかと言われたら「凋落していく」方が高いと考えている。もう手遅れの局面にまで来ているように見える。

日本が没落していくのであれば、間違いなく貧困層が増える。ただし、社会の底辺から広がっていく貧困というのは、全員が一緒に一気に堕ちるものではなく、個々の弱いところからポツリポツリと落ちていくので自分の番が来るまでは他人事だ。

だから、先に社会の底辺に堕ちた人たちは、強い不幸感と社会に対する怒りが膨らんでいく。それが自分よりも豊かな人々に対する強烈な復讐感情《ルサンチマン》となって現れる。

どうやっても敵わない強者を見て、激しい怨恨と憎悪と嫉妬と憤怒が心の中で渦巻き、強烈な殺意となって現れるのである。格差が苛烈になればなるほど、経済による分離が深くなればなるほど、ルサンチマンは強烈なものになっていく。

すでに自暴自棄になった底辺の若者が、衝動的な無差別殺人や切りつけや放火をするような事件が現れているが、それは大きな潮流となって広がっていくのは間違いない。いずれはルサンチマンが上級国民に向く。標的になるのは「低所得層を嘲笑する金を持っている奴ら」になる。

「制御できないほどの憤怒」は出口を求める。

それを解消するには、自分たちを見下している人間になるのは当たり前の話なのである。「制御できないほどの憤怒」によって湧き上がった殺意は、相手を完全に殺して破壊する方向に暴走していくので、遺体の損壊もかなり大きなものになるのではないか。たとえば、相手が絶対になにがあっても生き返らないようにする分かりやすい方法は首を胴体から切断することである。

そうなってもおかしくないのがルサンチマンによる殺害である。憎しみが込められるのだ。経済格差と低所得層が激増する日本でも、これからルサンチマンの結果としてそういう事案が発生しても私は驚かない。ルサンチマンは、相手の残虐な死によって溜飲が下がるからだ。これは、理性ではなく本能である。

相手の残虐な死によって、社会のどん底に蹴落とされた人間は上級国民に対して絶対的優位に立つ。「暴力は良くない」という倫理観は、ここでは意味をなくす。なぜなら、それもまた上級国民が「自分たちが殺されないように最下層の人間に押しつけているもの」と理解されるからだ。

ルサンチマンは、上級国民の生命を一瞬で破壊する。だから、上級国民は自らの安全を確保するために必死でどん底の人間たちを自分たちの生活圏から排除していくことになるのだが、それがまた分離の溝を深いものにする。そして、そうやって遠ざけようとすればするほど、上級国民たちは逆に明確なターゲットにされていく。

遠ざける。

避ける。

排除する。

遮断する。

見えないように隔離する……。

そうした上級国民たちの防衛行動は、ルサンチマンをどんどん煽っていく。持たざる者の「復讐してやる」という決意をどんどん高めるのだ。

復讐の方法は人それぞれだ。ルサンチマンの結果は、不条理な惨殺事件にもなるし、銃乱射事件にもなるし、連続レイプ事件にもなるし、通り魔事件にもなるし、放火にもなるし、強盗にもなるし、乱射事件にもなるし、要人暗殺にもなる。

ジョーカーが跋扈《ばっこ》する。

今、日本では突発的に「無差別殺人」だとか「無差別放火」だとか「無差別切りつけ」などが起こるのだが、それこそルサンチマンが根底にあって起きている事件だと考えると分かりやすい。

「無差別殺人」と「要人暗殺」は全然違うカテゴリーのように思えるが、「ルサンチマン」がもたらしているものであるとしたら、表現方法は違えども根底は同じものが流れていると考えた方が自然だ。

ルサンチマンがキーワードとなるのだ。

社会の格差に落とされて、「俺は稼げているのにお前らが稼げないのは、お前らが馬鹿だから」とか「金が稼げないのは自己責任」とか言われて公然と嘲笑されたら、貧困で苦しい生活をしている人の心の中には間違いなく復讐感情が湧き出る。

「こいつをどうにかしてやる」

「持っている人間から奪ってやる」

そう考える人が出てきて当然なのだ。

ただ、今はまだルサンチマンが大爆発するところまで煮詰まっていない。

ルサンチマンの感情をギリギリのところで抑えている。怒りに対して耐え忍び、制御し、ギリギリまで理性で押さえつけている。しかし、日本が為す術もなくもっと凋落して貧困が深まり、税金や社会保険料の取り立ても苛烈になり、経済格差が極大化いくのであれば、その沸点はいずれ超えていく。

そして、底辺に落とされた〝ジョーカー〟の復讐劇が始まる。

ある日突然、「制御できないほどの激しいルサンチマン」が舞い降りて、理性が吹き飛んで、すべてを破壊してしまうジョーカーが登場してくる。誰もが怒りの制御に最後まで成功できるわけではない。ルサンチマンの爆発を抑えられるわけでもない。ジョーカーがあちこちで暴れ出す社会となるのである。

†　闇バイト。若者を使い捨てる日本

ＳＮＳが広がって若者の多くがＳＮＳにつながるようになった。

その結果「闇バイト」がＸ（旧ツイッター）やインスタグラムのようなＳＮＳで募集がかけられて、高額報酬に釣られて若者が応募するケースが広がっている。

そのひとつが「ルフィ強盗団」事件だった。

この強盗団が引き起こした事件は、フィリピンで逮捕されて入管収容所にいた日本人の犯罪者たちが、携帯電話を駆使して「闇バイト」で若者を雇って日本で犯罪を繰り広げていた。首謀者が日本にいないのに、携帯電話の指示だけで犯罪を次々と引き起こしていたのである。まさに、前代未聞の事件であった。

東京都狛江市の住宅で九十歳の女性が強盗殺人、山口県岩国市の強盗事件、茨城県つくば市の強盗事件、千葉県市川市の強盗事件、東京都渋谷区の強盗事件、川崎市宮前区の強

盗事件、さいたま市西区の強盗事件、栃木県足利市の強盗事件、東京都稲城市の強盗事件、東京都中野区の強盗事件……。

　これらの事件のすべては高額の「闇バイト」で雇われた若者が、携帯電話の指示通りに犯罪を引き起こしていた。「ルフィ強盗団」の首謀者たちは、もともとオレオレ詐欺をやっていた連中だったのだが、このオレオレ詐欺もまた「受け子」「出し子」などはＳＮＳの闇バイトで募集される使い捨ての人員である。

　この他にもドラッグの密輸などで海外から日本にドラッグを運び入れる運び屋（ドラッグ・ミュール）もまた闇バイトで募集がかけられる。

　要するに、使い捨ての部分は闇バイトに募集してきた若者を使い、事件の全貌は教えずに一番リスクの高い部分を担わせて失敗したら切り捨てることができるようにしている。この強盗団は、そのノウハウを持っていた。だから、この闇バイトの強盗事件は、オレオレ詐欺の進化版であるとも言える。

　ＳＮＳで高額報酬を謳っているアカウントはいかにも怪しいものだ。信用もできない。当然のことだが、正規の雇用形態や法律に則った労働契約なんか結ぶこともないし、そもそも相手が誰なのかまったく分からない。

　それでも、若者は闇バイトに釣られる。

若者が闇バイトに手を出す理由は、まずは「金」である。信用できない相手でも、驚くべき報酬を提示してくるのだ。それも、簡単そうに見える仕事で高額のバイト料を支給してくれる。

「きちんとした身なりでモノを受け取るだけのお仕事です、日給五万円」

「海外に行って帰るだけです。飛行機代・ホテル代・食費も支払います」

「日給一〇〇万円支払います。仕事内容は秘密。やる気のある方求む……」

どれも怪しさ満点だ。応募しようと思う若者も「なにか裏があるんだろうな、ヤバいんだろうな……」と思う。しかし、普通のアルバイトや就職先に比べて、とにかく報酬が高い。それであれば「思い切ってやってみるか」と、生活費を稼ぐために手を出す人がいても不思議ではない。

正規のアルバイトや就職先できちんと稼ぐためには学歴や資格や即戦力になる能力が求められる。しかし、誰もがそんなものを持っているわけではない。学校を卒業して、蹴り出されるようにして社会に飛び込んだ若者は、最初はなにも持っていないことの方が多い。そこから抜けられない。非正規雇用で雇われたら、低賃金・悪条件で延々と生きていかなければならない。それならば、怪しかろうがなんだろうが、闇バイトで「一発当ててみよう」と思ってしまうのである。

若者の中には、ヤバそうであればあるほど、逆に「おもしろいかも」と考える傾向を持つタイプもいる。アクション映画やら犯罪映画などは悪のヒーローがそういう仕事をやって、颯爽と金を稼いでいるではないか。スリルある体験をしながら金を稼いで映画やドラマみたいに格好良く生きたいというのは若者らしい「空想」だ。闇バイトは「絶対に違法行為だろう」と応募する若者も知っている。知っていて、あえて飛び込むのだ。

　しかし、映画と現実はまったく違っており、すぐに後悔することになる。

　闇バイトに申し込むと、メッセージアプリなどで申し込みフォームが送られてくるのだが、私はそれを見たことがある。そこには報酬や経費の振り込み先の「銀行口座」「緊急連絡先」「必要写メ・動画」を提出するように書かれている。

　銀行に関しては「銀行名・支店名・店番号・口座番号・口座名義」となっている。緊急連絡先は「実家住所・実家固定電話番号・両親の名前・ふりがな・親携帯番号」を書く必要があった。

「必要写メ・動画」に関しては「顔写真付きの身分証（表裏）」「直近二ヶ月以内に発行された公共料金か携帯代金の請求書、もしくは領収書」と共に「顔写真付き身分証を持って自撮りした写真」の提出も求められている。

　動画は「集合住宅の場合は建物名と部屋番号、一軒家の場合は表札と郵便ポストが本人顔と一緒に映り込むようにして、室内に入るまでの様子」を送るように指示される。そうやって、銀行口座も、親の個人情報も、自分の顔や住所もすべて提示させられて、個人情報をほぼ丸裸にされた上で犯罪に追いやっていくのである。「裏切ったら家族に危害を加える」とか「家族に弁償させる」とか脅される。

彼らは金がない。ほとんどが、ただ金がないだけではなく、借金を抱えて首が回らなくなっている。そんな中で闇バイトの申し込みフォームで個人情報を開示してしまったら、もう引き返せない。そして、金のために自暴自棄になってやってしまう。

そうやって逃げられないようにさせられて、一番ワリの悪い仕事をさせられることになる。「ルフィ強盗団」の闇バイトに応募した若者たちは、みんなそうやって脅されて犯罪に加担していった。

このルフィ強盗団の事件は連日のように報道され、闇バイトが日本でクローズアップされ、マスコミは「こうした闇バイトは高額であっても手を出してはいけない」としたり顔で解説した。しかし、もしかしたらこれは逆効果になったかもしれない。マスコミが喧伝したせいで、今まで情報格差の下層にあった「なにも知らなかった若者」が「そんな高額のバイトがＳＮＳにあるのか」と気づいて、アクセスするようになっていくからである。

実際、このルフィ強盗団以外の強盗団も次々と事件を起こしている。

たとえば、二〇二三年四月二十九日、渋谷区神宮前のアクセサリー店から現金や商品百二十四点あまり、総計で二五〇〇万円相当が奪われた強盗事件が起きていたが、この事件も闇バイトを操るルフィ強盗団ではない別の強盗団の仕業である。

この店のアクセサリーは数十万円もするような高級アクセサリー店であった。午後八時頃、二階にあるアクセサリーショップの入口から真っ黒の服と、黒の目出し帽をかぶった男たち三人が突如としてやってきて、ひとりが店員に包丁を突きつけて「金を出せ」と脅してレジの中の現金十九万円を奪い取った。

残りのふたりはハンマーのようなものでショーケースを次々と割って商品を強奪した。現金と商品を手に入れると、男たちはすぐに立ち去って車に乗って逃亡していった。しかし、その車は防犯カメラにしっかりと映っており、すぐにこの車の所有者である埼玉県東松山市に住む男が逮捕されたのだった。

最初に逮捕されたこの男は五十歳だった。残りのふたりも一ヶ月以内に次々と逮捕されることになるのだが、ひとりは二十二歳、もうひとりは二十歳だった。彼らは全員ＳＮＳの闇バイト募集に応募して、指示役の男から通信アプリ「シグナル」で指示を受けながら事件を起こしたのだった。

犯罪の動機に関しては、ひとりは「なにも言えない」と供述を拒否したが、残りのふたりは「金に困り、闇バイトに応募した。ＳＮＳで強盗の指示を受けた」と供述していた。

この事件は実行犯だけでなく、奪い取った商品を転売しようとして、五十二歳の男、二十三歳の男、四十四歳の男も次々と逮捕されている。彼らも闇バイトで雇われた男たちだった。彼らは口々に「金がなかったのでやった」と述べている。

逮捕される人間はみんな捨て駒で、首謀者の顔も本名も居場所も知らない。そのため、彼らが何人捕まったところで、上の連中はいたくも痒くもない。今の時点で、この事件の本当の首謀者は逮捕されていない。

闇バイトで「使い捨ての駒」として使われるのは、もちろん男性だけではない。女性も使われる。二〇二三年六月、岡山県で爆発をほのめかしたり、金を要求する文言が書かれていたダンボールが岡山駅、邑久駅、倉敷両市役所、岡山大など合わせて六カ所に置かれていたのだが、この事件で実行犯として逮捕されたのは二十一歳の女性であった。

彼女も闇バイトに応募して、指示されるがままダンボールを運んでいた。実はこの事件は強盗《たたき》ではなく、業務妨害であることが他の闇バイトの事件と違っているのだが、金に困った人間をＳＮＳで呼び込んで犯罪を実行させるという点では同じであった。

今後、金のない人間はみんな犯罪集団の使い捨てにされる可能性が見えてきた。似たような強盗事件は次々と引き起こされるだろう。なぜなら、今の時代、金に困った人間はいくらでもいるからだ。

私はこの闇バイトの次のレベルがあると思っている。

闇バイトを経験した若者たちは、今度は自分の意思で強盗団を専業にするようになっていくのではないか。彼らは自らの意思でジョーカー化して、自ら犯罪に走っていくのではないか。彼らは資本主義社会の底辺に蹴り落とされ、叩きのめされ、這い上がることも叶わず、社会を憎んでいる。まじめに生きても良いことはなにも起きない。しかし、闇バイトだと、リスクはあるが成功したら一攫千金になる。そして、自分を虐《しいた》げている社会に対する復讐にもなる。

それならば、社会に叛逆する存在となっていくのは順当な流れでもある。

† 「金持ちは敵だ」「金持ちから奪え」

社会に対して強い復讐《ルサンチマン》感情を抱いた人間たちがジョーカー化する。それは「経済格差」が生み出す。莫大な富を持った者と、なにも持たない者の可視化がルサンチマンを生み育てる。

莫大な富を手に入れるのであれば、「ビジネスを成功させて上場して創業者利益を手に入れる」ことが王道ルートであることはすでに多くの成功者が示している通りだ。これが意味するのは、ビジネスに邁進し、ビジネスを成功させることができる人間とそうでない人間の差は、資産形成において天と地ほどの差になっていくということである。

ビジネスの成功者は上場によって数百億から数千億を一気に手に入れることになるのだが、もともとビジネスに関心がない人間は三〇〇万円だとか四〇〇万円の収入で一生を生きていくことになる。資産総額は六十五歳を迎えた時点で資産が二〇〇〇万円あれば上出来だが、ほとんどはそこに到達することもない。しかし、世の中の大半は、金がなくてもなんとか平穏に暮らそうとやりくりしている。

今までは、世の中に棲み分けができていて、金持ちは金持ちの世界で排他的な共同体を作り上げてそれは、その排他的サークルに入れない人たちには見えないものだった。

しかし、いまやインターネットやSNSによって、金持ちがそれを「見せつける」社会になっている。大金持ちは臆面もなくそれをひけひらかして、いかに自分が富を持っているのかを自ら可視化する。

さらに貧困層に向かって上から目線で「金がない奴は価値がない」とか「金がない男は終わり」とか「金を稼げない男は馬鹿」というような煽りや嘲笑を投げつける。そして、そうした言動が「勝ち組だから」と賞賛される社会になっている。

富裕層は富裕層の世界があり、中間層は中間層の世界があり、貧困層は貧困層の世界がある。それぞれ、違う価値観で好きなように生きているのだから、お互いになにも干渉する必要はない。しかし、インターネットとSNSはそうした世界を可視化させて、お互いを「つなげた」ので、違う価値観が急激に出会い、対立し、衝突することになる。

理想論としては、違う価値観が出会った時は、お互いに相手を認め合ってそれぞれの良さを確認し合うことが最適なのだが、現実は理想論のようになるわけではない。違う価値観はしばしば相手に自分の価値観を押しつけ、相手を苛立たせ、そして対立と衝突を生み出すことになる。

SNSは「違う国」「違う人種」「違う宗教」「違うイデオロギー」の人間をことごとく「つなげた」のだが、それによって生まれたのは、相手に対する嫌悪や不信感や憎悪という感情だった。理解し合うのではなく、反撥し合うのである。互いに違う価値観を罵詈雑言によって攻撃する世界になったのだ。

この対立は「金持ち」と「その他」にも顕著に表れるようになっている。資本主義の中でビジネス的に成功した金持ちにとって、月給十四万で地道に働いている人など「終わっている」という価値観しかない。

「金こそすべて」なのだから、金がない人間は「終わっている」としか思えない。それがビジネス的思考を持った人間の「価値観」である。しかし、すべての人が「金こそすべて」

という価値観を持っているわけでは断じてない。

金よりも公園で子供たちと遊んでいるのが幸せという人もいるし、浜辺で貝殻や石を拾ったり山で虫を捕ったりするのが幸せという人もいるし、飼っている犬と散歩をしているのが幸せという人もいる。

子供と遊んだり、浜辺で貝殻や石を拾ったりするのは金にならない。しかし、それが幸せという人もいる。彼らは「金こそすべて」という価値観では生きていない。しかし、弱肉強食の資本主義の中で、彼らはこっぴどく嘲笑される。

原始時代は強靭な肉体を持った人間が有利な世界だったので、遺伝的に強靭な肉体を持った人間が褒めそやされて、逆に「強靭な肉体を持たない人間は価値がない」という話になっていただろう。

中世のヨーロッパでは、いかに神を深く信奉できるのかが重要だったので、「信仰を持たない人間は価値がない」という話になっていただろう。現代は資本主義なので、「金を持たない人間は価値がない」という話になっている。

「金がモノを言う世界なのだから、金を稼げばいいではないか」という成功者特有の考え方は資本主義に最適化された考え方であり生き方である。しかし、その価値観は全員に共有されるわけではないし、しかもその価値観を身に付けても誰もが成功者になるわけではない。

しかし、極度に経済的な成功者のみが恩恵を受けるようになり、傲慢になり、「金がない人間は終わっている」みたいな言い方をするようになると、そこから生まれてくるのは価値観が違う者同士の激しい嫌悪と対立と憎悪である。

現在、資本主義はますます苛烈になっており、勝者総取りの世界になろうとしている。成功者は莫大な富を手に入れるのだが、現代の資本主義に最適化されない人間はますます困窮していくことになるのだ。

その結果、現代の「負け組」に追いやられた人たちの中から、やがて底知れぬフラストレーションが渦巻くようになり、それがひとつの憎悪として形成され、その憎悪は極度に成功した人間たちに向かっていく。

憎悪の行く先には「破壊してやる」「殺してやる」という感情がある。


金持ちが自らの富をSNSで得意げになって見せつけ、上から目線で「金がない奴は価値がない」とか「金がない男は終わり」とか「金を稼げない男は馬鹿」というような煽りや嘲笑を投げつけることによって憎悪が培養される。それは、やがて「成功している奴から奪ってやる、殺してやる」という強い意志を持ったジョーカーを生み出す。

「金持ちをひとり残らず血祭りに上げて今の社会をひっくり返してやる」という新しいイ

デオロギーが力を持つようになると、それは革命《レボリューション》へと突き進むこともありえる。

　弱肉強食の資本主義は暴走しているので、どこかの時点で九九％の持たざる層は、一％の金持ちを「敵」と見なして血祭りに上げる行動を起こすことになる。

「金持ちは敵だ」

「金持ちから奪え」

「金持ちを殺せ」

　それが合言葉になって実行される。

　日本人はまだ「金持ちを殺してやる」という憎悪を持つ人は皆無か、いても目立たない。

　しかし、いずれはそうした憎悪を持つ人間が忽然と現れて、上から目線でなにか言っている金持ちから殺害対象にしていくことになる。憎悪はすでに日本の社会の底辺でも育っているというのは確信できる。

第十章　日本社会と暴力の未来

†　社会を不安定化させている経済格差

経済アナリストの森永康平氏は「社会を不安定化させるのは経済格差である」と明確に言っている。まったく、そのとおりだ。

一部が超富裕層となって、大半が貧困層となったとき、社会はまともに機能しなくなっていく。その格差は、中流階級がどんどん下に落ちて貧困化し、富裕層の資産が逆に増えていくことによって開いていく。日本はまだまだマシな部類であるが、将来はそうとも言い切れない。日本も経済格差が極度に開いた国になってしまう。

現在、日本の相対的貧困率は十五・七％であり、約二千万人が貧困ライン以下での生活となっている。昨今の物価高や電気料金の値上げで、彼らは大きな経済的ダメージを受けている。ありとあらゆるものが値上げしているので、その家計の負担額は以前に比べても「年間十万円以上もの支出である」という試算も出されている。

低所得層《アンダークラス》の平均年収が一八六万円だとすると、年収が一七六万円になったのと同じで、約五・三％も年収が下がったとも言える。一方で、年収一千万円の高所得層は収入が九九〇万円になったということなのだが、高額所得者は物価高でも一％しか影響がなかったことになる。低所得層と高額所得層ではダメージの深度が違う。貧困層は高所得層よりも五倍近いダメージを受けている。

超富裕層はむしろ値上げによって資産増大効果の恩恵すらも受けている。都内で中堅どころの不動産会社に勤務する社員のひとりは私にこのようなことを言った。

「富裕層は資産をドルやロケーションの良い不動産に分散したりしています。昨今の値上げの元凶になっている「円安」ですが、これってドル資産を持つ富裕層にとっては、資産を増大させる追い風になっていますね。なにもしないで資産が膨らむので、そりゃ笑いが止まらないですよ。東京の新築マンションで超高額物件は次々と建てられていますが、二億円超のマンションが次々と売れてるんです」

野村総合研究所が定義する保有資産の階層分類によると、「超富裕層」というのは純金融資産「五億円以上」を保有する世帯を指す。この富裕層、二〇〇五年は五・二万世帯だったのだが、二〇一五年になると七・三万世帯となり、二〇二一年は九万世帯となっている。野村総合研究所は、超富裕層が増えた要因をはっきりこのように書いている。

『過去十年近くにわたって富裕層・超富裕層の世帯数および純金融資産保有額が増加している要因は、株式などの資産価格の上昇により、富裕層・超富裕層の保有資産額が増大したこと』

現代は「歯止めの効かない弱肉強食の資本主義」に入っているので、株式を保有しない層は資本主義では完全に蹴落とされる。逆に資本主義の総本山であるアメリカの株式を保有している層は、それだけで勝ち組に入る。その勝ち組が、この十年で資産をどんどん増大させているのがデータとして出てきているということになる。そして、経済格差が広がっていくのである。だから、不動産会社の社員は「富裕層のために、超高額マンションも必要になってくる」と言う。

ちなみに、二億円を超えるマンションと言えばもはや普通の人たちには想像もつかない物件なのだが、超高額マンションの賃貸も一ヶ月の家賃は普通のサラリーマンの年収くらいが必要であったりする。たとえば、二〇二一年で見ると、ラ・トゥール代官山（東京都渋谷区）の最上階の部屋は、家賃が五三一万円である。年間ではない。一ヶ月の家賃だ。他の超高額マンションの賃貸も見てみると、こうなっていた。

六本木ヒルズレジデンス（東京都港区六本木）２ＬＤＫ↓賃料四四五万円
グロブナープレイス神園町（東京都渋谷区）４ＬＤＫ↓賃料二七〇万円
泉ガーデンレジデンス（東京都港区六本木）３ＬＤＫ↓賃料一五五万円
麻布第一マンションズ（東京都港区六本木）３ＬＤＫ↓賃料一五五万円
オランダヒルズ森タワー RoP（東京都港区）１ＬＤＫ↓賃料一四五万円
ラ・トゥール芝公園Ⅱ（東京都港区）３ＬＤＫ↓賃料一三五万円

「家賃が数百万なんて異常ですよね」

私が不動産会社の社員に言うと、彼は首を振った。

「まあ、一般庶民と生きている世界が違いますよ。超が付く富裕層なんてますます資産を膨らましているので、これくらいはまったくなんとも思っていないです」

日本人の平均月収は三三万四八〇〇円で、手取りなら二五万円から二七万円程度となっている。しかし、非正規雇用で働いている低所得層の平均年収は一八六万円であり、月に換算すると一五万五〇〇〇円である。では、家賃価格の平均はいくらなのか。

東京二十三区：一〇・五万円
東京都他：七・六万円
埼玉県：六・七万円
千葉県：七・二万円
横浜・川崎：八・二万円
神奈川県他：六・七万円

これを見ると、低所得層が東京で普通に暮らすのはギリギリであるということが分かる。

彼らは非正規雇用なので、景気が悪化したら真っ先にクビを切られる人員である。非正規雇用は「景気の調整弁」と言われているのだが、企業は彼らを雇ったりクビを切ったりして利益を調整している。

そのため、二〇二〇年から二〇二二年までのコロナ禍などでは、真っ先にクビを切られ、次の仕事がなく、新しい仕事もより低賃金・悪条件で働くしかなくなる。さらに二〇二二年からの物価高でもひどい生活苦に追いやられていった。

彼らは貯金がない。総務省統計局が発表している家計調査を見れば分かるが、貯蓄高の分布でもっとも多いのは一〇〇万円未満であり、それは圧倒的に多いのだ。アンダークラスのほとんどは貯金がない世帯に入っている。その結果、仕事をクビになったり見つからなかったりすると、あっという間に「住まい」を維持できなくなってしまう。社会の底辺《ボトム》に暮らす人たちの中では、住所が不定の人は驚くほど多い。

金もなくなって住まいも維持できなくなった彼らはどうしているのか。

路上に住み、ネットカフェに住み、サウナに住み、個室ビデオに住み、カプセルホテルに住み、倉庫に住み、トランクルームに住み、シェアハウスに住み、車中泊する。これらは、本来は住むべきところではない。しかし、劣悪な環境に暮らす人たちが増え続けているのだ。

経済格差は広がっていくばかりになる。とすれば、これからの日本が突き進む先は間違いなく「分離」である。超富裕層はロケーションが良くて地価の高いエリアに豪華絢爛な邸宅や都内の超豪華なタワーマンションに集まって暮らすようになり、貧困層はどんどん土地の安い場所、劣悪な場所に移り住むようになる。家賃が高いだけで、住む人は簡単に「分離」できる。実際そうなりつつある。

非正規雇用（使い捨て労働者）が増加して止まらなくなっている。「富裕者がさらに富裕になると、経済活動が活発化することで低所得の貧困者にも富が浸透し、利益が再分配される」というトリクルダウンも起きなかった。

バブルが崩壊した後にも政府は消費税などの増税を続けて経済を停滞させ続け、緊縮財政は三十年も是正できなかった。税金・社会保険料の引き上げばかりで、二〇二二年あたりからそれも露骨になってきて怨嗟の声が広がっている。

政治は少子高齢化をまるで解決できず、それを解決するためにまたもや増税しようとしている。当然、これでは低所得層は増えていくばかりであり、少子高齢化は改善するどころかより悪化するだろう。

女性の貧困や格差もまったく解消できない。文化・経済の衰退が止められない。日本を他国よりも成長させることもできない。国民全体の経済格差の是正もできない。結果的に、国の帰属心の低下に政治不信が止められない。

「すでに日本は詰んだ状態である」と言われても否定できないような材料があまりにも

揃っているのが今の日本社会である。たしかに今の状況を転換できないなら、本当に日本は終わってしまうのかもしれない。これから経済格差はより強烈に深刻化していくので、社会は不安定化してしまうのは避けられない。

今、静かに日本を脱出する人が増えていて、外務省の海外在留邦人数調査統計によると、外国に永住する日本人は二〇二二年の段階で過去最高の五五・七万人になっているのだが、私自身は驚きはない。

そうした経済社会の中で、今の日本の閉塞感が生まれている。

†　弱肉強食の資本主義のゆくえ

新宿の歌舞伎町はホストが四千人以上いる。

マスコミはこのホストたちを囃し立てているのだが、その裏側で彼らの強引であこぎな「営業」の犠牲になって破産したり自殺したりする女性が次々と出ている。歌舞伎町は「空から人が降ってくる街」でもある。

これについて元風俗嬢が「担当チャレンジというものもあります」と私に説明してくれたこともあった。「担当」というのは自分に付いてくれているホストを指すのだが、このホストが本当に自分のことを愛してくれているのか試す（チャレンジする）のが「担当チャレンジ」だと彼女は説明した。

「建物の屋上に上って、わざとホストクラブが一番忙しいときに電話して、今すぐ来てくれないと飛び降りると担当を試すわけです。愛してたら店を放り出して飛んで来てくれるはずです。愛してなかったら来てくれない。来てくれなかったら飛び降りる。それを担当チャレンジと言います」

しかし、ホストはカネを引っ張るためだけに色恋を仕掛けただけで、そこに愛なんかあるはずもない。結局、ホストに金も身体も骨の髄《ずい》までむしゃぶり尽くされた女性たちが、すべて奪われた後に正気にかえり、そのまま飛び降りて死んでいく。

ある時期、歌舞伎町ではあまりにも次々と飛び降り自殺が発生するので、夜の住民たちが「自殺の名所」と揶揄《やゆ》するところまで出てきた。

「女性がそこまで追い込まれているのに、マスコミなんかはその元凶になっているホストをちやほやしている。この国はかなり狂ってるんじゃないか？」

このように嘆息する政治団体のトップの嘆息も聞いたことがあるが、誰もが日本社会のいびつさには気づいている。

ある知り合いの編集者と歌舞伎町を歩いていたとき、私たちの目の前にホストが歩いていたのだが、信号待ちの時にこのホストは一緒に歩いている女性を引き寄せて馴れ馴れしく肩を組み、女性に強引にキスを迫ったりしていた。そして、たまたまなのだが、通りにはホストの宣伝トラックが低速で通り過ぎて行った。

「ホストまみれだな、この街は……」

知り合いの編集者はそうつぶやいた。

「ホストクラブみたいに女性を搾取しまくる業界は規制されないんですかね？」

彼がそう言うので私は首を振った。

「されないでしょう。ホストクラブは合法ですからね」

「女性が金をむしり取られて何人も死んでるのに？」

「追い込み過ぎて逮捕されるホストはいますが、ビジネス自体は合法ですね」

私はそう答えるしかなかった。

そう答えながら、私はホストクラブだけでなく、日本中が「金こそすべて」に染まっていると思わざるを得なかった。

日本人が「金こそすべて」と傲慢になって弱肉強食の資本主義に染まったのは一九八〇年代後半のバブル期だったが、一九九〇年代になるとバブルは崩壊して「金こそすべて」は急速にしぼんでいった。しかし、二〇〇〇年頃からグローバル化が日本内部にも浸透していくと、「金こそすべて」はむしろ強烈な反動で人々を揺り動かしていくことになった。

経営者は正社員を減らして人件費を削減し、自らの年俸をアップさせていた。「金でなんでも買える」と豪語する経営者も出てきていた。国民の金を詐取する公務員もいた。政治家は不必要な工事を行って税金を投入し、そこからリベートとしてバックさせていた。宗教団体は無税を享受し、葬式で戒名に数十万もの金額をぼったくっていた。

官僚たちは不必要な組織を作ってそこに天下りして税金を奪い取っていた。証券会社は「手っ取り早く儲けられる」とＦＸ（為替証拠金取引）やデイトレードのようなギャンブルを投資と煽って人々を金に追い立てた。それが規制されると、今度は仮想通貨に舞台を移して「買えば儲かる、買わない奴は人間ではない」と煽り立てていた。金融業者は、資本主義をバクチ場に見立てて、人々に伸るか反るかのバクチを「投資」と言って煽り立てたのだ。そして、バクチに勝った者が負けた者の金を総取りし、それを賛美するような世の中になった。

気がつけば、日本でも弱肉強食の資本主義が着々と深まっていき、育っていたのである。こうした弱肉強食の資本主義が蔓延すると社会は間違いなく荒廃していく。

弱肉強食の資本主義の根本は「自分さえ良ければいい」「自分が儲かれば、他人が泣いてもいい」「世の中に貢献しようがしまいが、儲かりさえすればいい」というものだから、これで世の中が良くなるはずがない。荒廃して当然なのだ。

弱肉強食の資本主義は、徹底的な利己主義を増長させる。このような現状に精通している経済ジャーナリストは「今のままでは最終的に、思いやりも、愛情も喪失させる歪《ゆが》んだ社会を生み出します。格差が広がっていくと、最初は格差をなんとかしようと問題意識を持った人々が救済に入りますが、社会が格差を作り出す構図が止められないのであれば、救済する以上に格差が蔓延します。やがてそれは一般化して、人々はどうなるのかというと、格差を受け入れるようになるんです」と私に述べた。

実は、これから日本を覆い尽くしていこうとする弱肉強食の資本主義は、一足先にそれを取り入れたアメリカのような国では当たり前に見られる社会現象だ。成功者は賛美されるのだが、失敗者は顧みられない。豊かな人間はより豊かになっていき、堕ちた人間はよりどん底に突き落とされる。

自家用ジェット機で世界のリゾート地を飛び回ってバカンスに明け暮れる富裕層がいる一方で、ホームレスになってダンボールの中で寝るしかない人々がいる。それが「当たり前」として許容される。弱肉強食の資本主義は、貧困層が持てるものをすべて奪われていく中で強化されていく。それは、経済的な格差を拡大させ、固定させる。いったん、固定化されたら、貧困が遺伝のように継承される。通常の方法ではそれは打破できないが、唯一、犯罪では打破できる。だから、ルサンチマンを持った人間がジョーカー化し、そのジョーカーが英雄になっていく。

持たざる者が底辺に叩き落とされたとき、そこから這い上がるには持っている人間から奪い取るしかないと思うようになる。「努力して這い上がろう」とか「向上心を持って地道にやろう」という希望が貧困の固定化で打ち砕かれると、生まれるのは弱肉強食の資本主義に対するルサンチマンでしかない。

精神的にも余裕をなくし、日々の食事にも事欠く。そんな中で、つらい現実を忘れたり逃避するために自殺していく若者もいれば、薬のオーバードーズでゾンビ化していく若者も出てくる。それとは別に社会に対して恨みを募らせて暴力に惹かれてジョーカー化していく若者も現れる。

「お前たちは金を持っているはずだ。奪ってやる」

「成功した人間は許せない。成功を奪ってやる」

そういった憎悪にも似た感情が、持たざる者の中から生み出されていく。そして、それが蔓延したとき、社会は一気に荒廃していく。社会の底辺で「ジョーカー化」した人間が次々と生まれて社会をうろつき回る。そして、燃え上がるようなルサンチマンに引きずられて他人に牙を向くようになる。

ホストはカネを引っ張るためだけに色恋を仕掛けただけで、そこに愛なんかあるはずもない。結局、ホストに金も身体も骨の髄までむしゃぶり尽くされた女性たちが、すべて奪われた後に正気にかえり、死んでいく。

†　知的レベルの高い人間を粉砕する

二〇二二年十一月二十九日、東京都立大教授で著名な社会学者が四十一歳の男に切り付けられるという事件があった。この教授は舌鋒鋭く論理を畳み掛けて相手を論破することで知られている攻撃的な言論人だった。一方で、この教授を襲ったのは無職でひきこもりで、当時四十一歳の「何者でもない男」だった。

事件後、男はまだ警察の捜査が届く前に自殺してしまったので動機はまったく分からない。しかし、教授を狙ってナイフで切り刻みに行くくらいだから、なんらかの恨みがあったようにも見える。

この教授はX（旧ツイッター）などのSNSでは非常に攻撃的で口が悪かった。あっちこっちで他人を嘲笑し、論破し、批判し、かなり上から目線で意見を主張して敵を作っていた。この教授の主張やSNSの言動に、犯人が腹を立てていた可能性もゼロではない。

そうだとしても、この男が教授とディベートを挑んで勝てただろうか……。間違いなく、この教授の手慣れた弁舌には勝てないだろう。ディベートは教授の得意分野である。だとすると、この男は、知性を振りかざす教授の前に、永遠に「負け犬」のまま引っ込むしかなかったのか。いや、彼には一つの勝算があったかもしれない。

それが〝暴力〟だった。

そうなのだ。彼もジョーカーになれば、手慣れたディベートで口が達者なエリートを無言で粉砕できたのである。彼はこの教授を切り刻んでいるとき、無言であったという。彼が仕掛けた「闘争」には、別に言葉は要らなかったというのが象徴的だ。

人間社会にはあらゆる分野で「闘争」が付きものである。

人はなにかにつけて対立し、その対立によって自分が優位に立ったり、劣勢に叩き落されたりする。闘争という面にフォーカスして物事を考えると興味深いことが分かる。闘争には「殺し合って決着を付ける」というものから「討論《ディベート》で決着を付ける」というものまでさまざまなバリエーションがある。現代人の多くは「ディベートで決着を付ける」のが正しいことだと思っているのだが、それは誰が決めたのか？

もちろん、「殴り合うよりもディベートで戦った方が有利になる人」である。

知的な人間、高度な知能を有する人間は、自分の強みと弱みをよく知っているので、けっして自分が弱い部分では戦うことはない。彼らの強みとは文字通り「頭脳で相手と戦う分野」である。だから、彼らは自分たちが優位になるような高度情報化社会を作り出すし、社会を構築するに当たって、自分たちが不利になる分野を封殺して絶対に「暴力での決着」が台頭できないようにする。

彼らは直接的な暴力が行使されない社会を必死になって作り上げる。殺し合い・殴り合いでカタをつける暴力社会になると、彼ら個人はひとたまりもないのである。

彼らが社会の主流である時は「暴力は絶対にいけません」「暴力は卑怯」「暴力は断じて許せない」と、暴力徹底否定の社会を作り出し、暴力を法律的にも規制し、暴力に強い人間が社会の主流にならないように、どこかに押し込める。

世の中のルールは人間が決めた。〝今の世の中〟のルールは「殴り合うよりもディベートで戦った方が有利になる人」が決めている。かくして、彼らの不利になる暴力は闘争の中では否定されて、ディベートで戦うのが当たり前のようにされている。


そのルールは「今はそういう社会」だから、そうなっているだけである。

社会のルールというのは、それぞれの時代によってまったく違うものになるので、今の常識がかつての常識であったわけではないし、未来の常識になっているわけでもない。「ディベートが大事」という社会ではなくなっていても不思議ではない。

今は知的レベルの高い人間が頂点に立っている。しかし石器時代では強い肉体を持って伝染病や細菌に対する免疫力が強い人間が求められていて、危険な獲物と戦って勝てる人間が知的レベルが高い人間よりも優先された。

要するに殺し合い・殴り合いに強い人間が、知的レベルが高い人間よりも優位に立っていた。知的レベルよりも肉体的・精神的に暴力レベルが高い人間の方が生きやすい時代だったのだ。戦争や内戦が続いて治安が崩壊して暴力優位な社会でも、暴力に躊躇がない人間が地域を支配する。いくらディベートがうまくても、直接的に殴り合うのが許されている社会では暴力で制圧されて終わりなのである。

重要なのは「時代時代によって常識が変わり、どんな人間が頂点に立つのかが変わってくる」という点である。いつか「ディベートで戦うよりも殴り合う人が有利になる人」が社会のルールを決めるようになると、ディベートでしか戦えない人は「ダメなやつ」ということになる。

別に私は暴力主義ではないので、そういう社会になって欲しいとは思っているわけではない。今は「ディベートが尊ばれて暴力が排除されている社会である」ということが言いたい。そして、それは「今」の社会のルールであり、そのルールは不変なルールでもないということが言いたい。

今は知的レベルが高い人たちが作っている社会なので、意図的に知的レベルの高い人が優位に立っているというだけで、「ディベートで決着を付ける」というのも、そういう社会が培《つちか》った考え方に過ぎない。

闘争を「暴力で決着をつける」というのは、ひとつのスタイルとしてありえる。

しかし、それをやられると「肉体的には貧弱だが頭だけは良い人」は、なす術もなく負ける。頭が良い人はかならずしも殴り合いに強いわけではない。むしろ頭が良くなる方向に最適化されているので、殴り合いや殺し合いには弱いことが多い。だから、彼らは「暴力に強い人」を本能的に恐れており、そのために彼らが優位に立って作り出す社会においては徹底的に暴力が排除される。

暴力というのは「肉体言語」である。

知的レベルの高い人は「知的言語」は強いのだが「肉体言語」は弱い。だから、肉体言語（暴力）を違法化して、どんな場面でも自分に降り掛かってこないようにしている。「今はそのように社会が構築されているのだ」ということに気づかなければならない。知的レベルの高い人が優位に立つ社会とは、肉体的には貧弱でも頭の良い人が、肉体的には最強でも頭の悪い人をディベートで打ち負かすことを可能にした社会である。

このディベートには「絶対に暴力に訴えない」というルールが課せられて、肉体言語が否定されている。そして、それこそが彼らの絶対的優位を維持するシステムなのである。

肉体的に強い人、暴力にためらいがない人、殴り合いがうまい人、殺し合いがうまい人は、「ダメな人」という烙印を押して社会的に制裁し、彼らが台頭しないように教育からも法律からも徹底的に締め出す。

そして、猛獣を動物園に閉じ込めて見世物にして楽しむように、肉体主義の人間をスポーツなどに閉じ込めて見世物にする。知的レベルの高い人間たちは、肉体主義の人を見世物《スポーツ》に落とし込んで動物園にしてしまっているのである。

知的レベルが低い人間が討論《ディベート》に勝つためにはどうすればいいのか。それは、相手の土俵に立ってディベートで相手を論破することではない。それは相手の得意とする分野であり、相手がそこで戦って欲しいと思っている舞台である。

彼らはそこで勝てるから、そこに誘い込む。

当たり前だが、相手に勝つためには相手の土俵ではなく自分が勝てる土俵に相手をムリやり引きずり出す必要がある。頭の良い人でも肉体的に貧弱なのであれば、相手を暴力の現場に引きずり出して肉体的に痛めつければ勝てるのである。

知的レベルの高い人間が「お前は頭が悪いね」と嘲笑するのであれば、暴力で殴りつけて「お前はケンカが弱いね」と嘲笑すれば勝てる。もちろん、そんなことをしたら逮捕されるのは間違いない。

しかし、その逮捕は「知的レベルの高い人間が自分を守るために作り上げた法律」である。彼らは自分たちが不利にならない社会を作り上げているので、暴力を振るわれないように二重にも三重にも防御をしているということなのだ。

ディベートも「相手を精神的に打ち負かす虐待」であると考えると、ディベートも逮捕案件になってもおかしくない。しかし、肉体的暴力が禁止されても、ディベートそのものは野放しにされている。

それは、ディベートがなにかを生み出すという側面もあるかもしれないが、潜在意識の中では、知的レベルが高い人々がそうでない人々を言葉で殴りつける暴力を楽しみたいからだと理解することもできる。闘争という面にフォーカスして物事を考えると、現代社会は「肉体言語が規制されている状態にある」という点を意識してみるのも興味深いはずだ。

ところで、今の日本社会は知的レベルが高い人々が高賃金・高待遇を享受し、大きな資産が持てて贅沢できるようになっており、知的レベルが平均かそれ以下の人々は貧困にあえぐ不平等な社会になっている。

最初から社会で成り上がれず、どん底を這い回るだけの人たちが増えた。彼らは最初から「なにも持っていない人」である。彼らは知的レベルの高い人に「頭が悪い」と嘲笑され、貧困も「自己責任」と突き放されている。

一部の若者は、こうした苛烈な風潮の中で心が折れ、無意識の死を願い、薬を大量摂取《オーバードーズ》してゾンビ化していく。しかし、誰かがふと「俺たちには肉体言語（暴力）があるではないか」と気づいたらなにが起こるのだろうか。言論が重要だかとかディベートが重要とか言っている人間を暴力で粉砕できることを知り、容赦なくそれを行使するようになっていくだろう。

知的レベルの高い人間の弱点が暴力であることが周知されると、「ディベートには暴力で返せ」「頭の良い奴に論破されたら殺してしまえ」となるだろう。

まさに、ジョーカーの誕生である。

悲惨な光景が広がっていく。

今はまだ、そういう社会になるとは誰も思っていないが、いずれ「なにも持たない者」が己の肉体言語に気づく時がやってくる。そういう目で見ると、東京都立大教授の教授が襲われた事件は不吉で予兆的な事件であったとも言える。

現代の日本社会は、暴力の未来を示唆しているようだ。

† ゾンビ化とジョーカー化は互換性がある?

人々は漠然と「将来は良くなるものだ」と考えている。しかし、歴史を見るとそれは事実ではない。将来は良くなることもあるが、逆に悲惨なまでに悪くなることもある。自分が生きている時代が良くなるのか悪くなるのかは、運でしかない。

高度経済成長を歩んでいた日本人、あるいはバブルを享受していた日本人は、今の日本を見てこんなにひどい国になっているとは夢にも思わなかったに違いない。しかし、これが現実だ。時代が音を立てて崩れていくと、その中で個人がいくら努力しても徒労に終わる。個人の努力を押しつぶしていくのが「時代」という大きな潮流だ。

社会のどん底に落ちてしまった人たちは、努力しなかった人なのか。不まじめな人だったのか。だらしがない人だったのか。そういう人もいるのは事実だが、大半の人はそうではない。

時代が、人々の生活と人生をなぎ倒していくのだ。

時代の荒波はいろいろな形でやってくる。

不景気になれば、個人がどんなに努力しても仕事を失う人が増える。個人の希望や努力や夢や計画というささやかなものは、時代が悪い方にうねり始めるとすべて押しつぶされていく。人は大きな潮流に飲まれ、流され、溺れていくのだ。

平穏な時代しか生きてこなかった人たちは、ふだんは「時代」を意識しない。だから、自分が生きている時代の姿を理解できないことが多い。平穏な時代に生きていたのが長い人であったら、人生ずっと平穏であると思ってしまう。

そうではないのだ。

今でも「日本が没落するなどありえない」と頑なに考えている人たちがいる。未来は常に明るい、未来は進歩する、未来は夢がある」と宗教的に信じてる。しかし、日本の貧困はそれからも拡大していく一方である。未来は常に明るいと考えるのは勝手なのだが、現実はかならずしもそうではない。未来は明るいのか暗いのかは、その時々の社会情勢によって決まるので、「常に明るい」と思い込んだら足元をすくわれる。明るくない可能性もある。

七十代の元経営者はこのように言う。

「高度成長期に社会に出た人たちは幸運だったと思う。日本はぐんぐん豊かになって、誰もが幸せだったからね。バブルが崩壊して超就職氷河期になって、そんなときに社会に出た人は不運だった。〝生まれたときが悪いのか、それとも俺が悪いのか〟ってセリフもあるけどね。時代は自分じゃ選べないんだ。丁か半か。運というしかないな……」

自分が運の良い時代に生きるか、不運な時代に生きるか分からない。一年違いでも運命がガラリと変わったりする。一年先ですらも分からないのだから、十年後には自分を取り巻く世界がどうなっているのか想像することすらもできない。もしかしたら、人類は国際協力と平和主義で困難を乗り越えるかもしれないが、逆に憎悪と暴力にまみれて第三次世界大戦の最中であるかもしれない。

未来が不明確である以上、私たちは現実主義に徹する必要がある。実際のところどうなるのかは誰にも分からない。現実主義者は、時代が悪ければ自分の人生も時代に飲まれることを知っている。

今、それをもっとも自覚しているのが若者たちであるのかもしれない。若者たちは時代を理性ではなく肌感覚で知る。その彼らが一部がゾンビ化し、ジョーカー化していこうとしているのは不気味な兆候であると思っている。

言うまでもないが、そのどちらも自暴自棄が根底にあって、向かう先には〝死〟が待っているという点が共通している。実は、ゾンビ化とジョーカー化は構造として「同じもの」である。ただ違っているのはベクトルだ。どういうことか。

死にたい。暴力が自分に向くこと。

殺したい。暴力が他人に向くこと。

ゾンビ化する若者は暴力を自分に向ける。

ジョーカー化する若者は暴力を他人に向ける。

どちらも〝死〟に向かおうとしているのだが、自分を殺すか他人を殺すかで分かれていただけだったとも言える。ゾンビとジョーカーは違う存在と私たちは無意識に思ってしまうのだが、同じ存在だったとも言える。互換性がある。

そして、その根っこの部分に〝死〟という共通言語がある。だから、トー横キッズの中には、オーバードーズで死にかけている若者と、ホームレスや通行人に暴力を振るう若者が共存できていたのだ。

ゾンビ化・ジョーカー化していく彼らは、もちろん社会の主流ではない。若者の代表でもない。代表どころか、同じ若者からも爪弾きされ、疎まれたり嘲笑されたりしている存在でもある。そのため、時代が変われば流されて消えてしまうかもしれないし、別のなにかに変化して十年後には誰も彼らの存在など覚えていないかもしれない。しかし、彼らはたしかにそこにいる。

そんな彼らに社会的意義があるとしたら、それは精神的に潰れていく若者のショーケースになっているということだろうか。社会の「病巣」を彼らが具現化している。

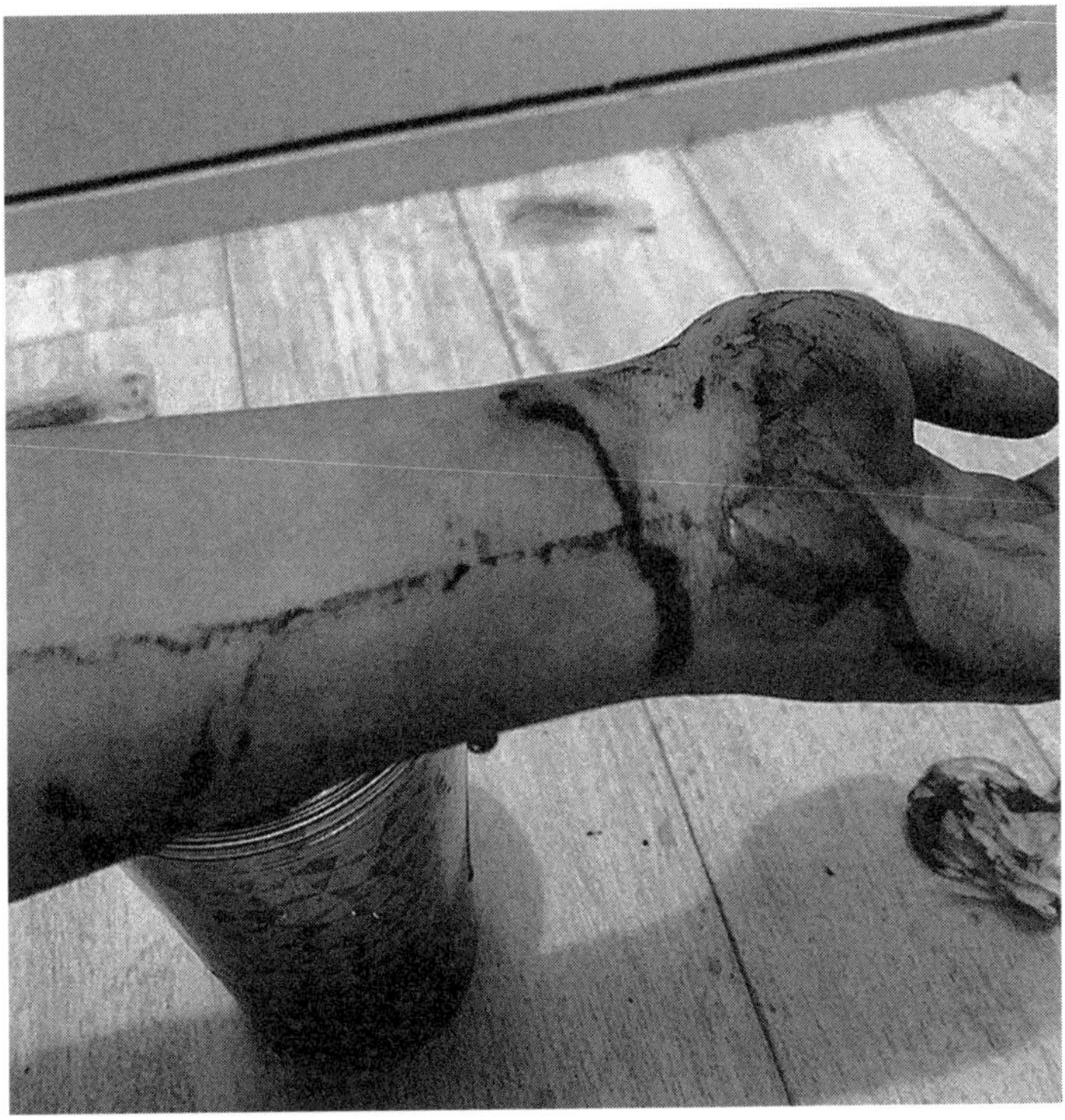

死にたい。暴力が自分に向くこと。
殺したい。暴力が他人に向くこと。
ゾンビ化する若者は暴力を自分に向ける。
ジョーカー化する若者は暴力を他人に向ける。

おわりに

二〇二三年五月のある夜、いつものように新宿・歌舞伎町のシネシティ広場を歩いていると、ひとりの十代後半と思われる女の子が壁側にぼんやりと座り込んで、行き交う人たちをじっと見つめているのに気がついた。グリーンの髪に真っ白の化粧をして、レースを幾重にもあしらった真っ黒なスカートを履いている。「病み」を表現した地雷系ファッションの女の子である。

トー横界隈のひとりにも見えたが、彼らとは遠く距離を置いていたので、なんとなく奇妙に感じた。能面のような無表情さで、目の焦点が合っていないような感じがした。

私は思い切って、しゃがんで彼女に声をかけてみた。

ところが彼女はまったく私の方を見ることもなく、ただただ無表情のまま虚空を見つめていたのだった。よくよく見ると、彼女は真っ白な化粧をしているというよりも、血の気が引いて蒼白になっていた。そして、顔全体がうっすらとした膜のような汗に覆われて、それが爬虫類のようにも見えた。

オーバードーズだ、と気づいた。

「大丈夫？」

　私が尋ねると、その言葉だけ彼女は反応してうなずいたのだが、その首の動きはまるで壊れた人形のようにガクガクしていた。そして、小さなかすれた声で「ダイジョウブ、ダイジョウブ」と答えた。とは言っても、まったく大丈夫には見えなかった。逆に、かなり気分が悪そうだ。

　どうしたものかとしばらく彼女を見ていると、今まで遠くにいた二十代くらいの男たちふたりが警戒するような表情でやってきて「お前、なにしてんだよ」と敵意を含んだ口調で私に言った。私が彼女をさらっていくのかと思ったようだった。

　ここは歌舞伎町だ。実際にそういう男がうろうろしているわけで、私がそうだと思われてもしかたがない。いや、そもそも彼らがそうなのかもしれない。

　しかし、彼らは私と距離を置いて、腰が引けているところもあった。私がただの一般人なのか、刑事なのか、それとも極道なのか、彼らもよく分からないので警戒していたのかもしれない。というのも、最近の極道は昔と違って、いかにも極道ですという格好はしていない。それこそTシャツに野球帽をかぶって、サンダルをひっかけて歩いていたりするのだ。

　しばらく彼らと無言で見つめ合ったが、私はなにも言わずに場を離れた。一度だけ無反応なままじっと身動きしない女の子をちらりと見て、それからは振り返らずに歌舞伎町を去った。

「彼女もゾンビだったな。彼らはジョーカーか……」

そんなことを私はうっすらと思った。


ゾンビ化する若者。

ジョーカー化する若者。


果たして、社会は「病み」と「闇」に生きる彼らを救えるのだろうか。

それとも、もっと悪化させるのだろうか……。

日本の行く末が、とてつもなく暗いものに感じた。

二〇二三年十月
鈴木 傾城

◎ 鈴木傾城のノンフィクション

ボトム・オブ・ジャパン 日本のどん底
どん底に落ちた養分たち パチンコ依存者はいかに破滅していくか？
亡国トラップ－多文化共生－：隠れ移民政策が引き起こす地獄の未来

◎ ブラックアジア「売春地帯をさまよい歩いた日々」シリーズ

ブラックアジア　タイ編
ブラックアジア　カンボジア編
ブラックアジア　インドネシア編
ブラックアジア　パタヤ編
ブラックアジア　インド・バングラデシュ編
ブラックアジア　フィリピン編
ブラックアジア　外伝1
ブラックアジア　外伝2
絶対貧困の光景 夢見ることを許されない女たち

◎ 日本のアンダーグラウンド

デリヘル嬢と会う：彼女は、あなたのよく知っている人かも知れない
野良犬の女たち：ジャパン・ディープナイト
暗部に生きる女たち：デリヘル嬢という真夜中のカレイドスコープ

◎ 鈴木傾城の小説

スワイパー1999
カリマンタン島のデズリー
コルカタ売春地帯
町田・青線地帯／グッドナイト・アイリーン
ストレッチマーク

鈴木 傾城（スズキ　ケイセイ）

作家、アルファブロガー。1966年、東京生まれ。20歳の頃にタイに旅行に行き、そのまま社会からドロップアウトする。バブル期に株式投資で資金を蓄積し、セミリタイア。以後、本格的に東南アジアの歓楽街・貧困街に沈没する生活に入り、2000年よりサイト『ブラックアジア』を主辛、カルト的な人気を得る。2009年より時事を扱うサイト『ダークネス』を立ち上げ、3年で1億PV超達成、アルファブロガーとなる。

著書『ボトム・オブ・ジャパン日本のどん底』『ブラックアジア』『絶対貧困の光景』『どん底に堕ちた養分たち』等々。『鈴木傾城の「ダークネス」メルマガ編』は、2019、2020、2022年、マネーボイス賞1位。MONEYVOICE賞1位。